미국 초등학교 교과서로 배우는

Running JUMP 1

BaSic

Answer / Script / Explanation

Bansok

거리가 복잡합니다.
그는 사업가입니다.
그는 신호등을 발명했습니다.
그는 교통 문제를 해결했습니다.
가스 마스크는 소방관들을 안전하게 지켜줍니다.

Vocabulary

1. 거리
2. 복잡한, 혼잡한, 바쁜
3. 사업가
4. 신호등
5. 해결하다
6. 문제
7. 소방관
8. 안전한

Listening

잘 듣고 빠진 단어를 찾아 적으세요.

1. ① traffic problems
   거리에는 교통 문제점이 많았습니다.
2. ② solve
   그는 문제점을 해결하려고 시도했습니다.
3. ③ car
   그는 복잡한 거리에서 차가 말을 치는 사고를 보았습니다.
4. ② inventions
   교통 신호기는 그의 발명품 중 하나입니다.
5. ② fire fighters
   그는 소방관을 위한 가스 마스크를 만들었습니다.

Reading

흑인 발명가, 가렛 모건

가렛 모건에 대해 읽어본 적이 있나요? 그는 1877년 태어났습니다. 그는 흑인 발명가이면서 사업가이기도 했습니다. 신호등은 그의 발명품 중 하나입니다. 그가 신호등을 발명하기 전에 길거리는 안전하지 못했습니다. 어느 날, 복잡한 거리에서 차가 말을 치는 사고를 본 후에 그는 교통 문제점을 어떻게 해결해야 할 지 고민하였고, 그 답을 찾았습니다. 모건의 신호등은 모든 교통을 정지시킬 수 있고, 이것은 사람들을 안전하게 해 주었습니다. 모건은 또한 소방관들을 위한 가스 마스크도 만들었습니다. 이 마스크는 소방관들을 안전하게 지켜 주었습니다. 모건의 발명품 덕분에, 사람들은 전보다 안전하게 지낼 수 있습니다.

문장을 읽고 맞는 답을 고르세요.

1. ② inventor
   가렛 모건은 흑인 발명가입니다.

2. ① safe
   모건의 신호등은 사람들을 안전하게 해줍니다.
3. ③ gas mask
   가렛 모건은 가스 마스크도 만들었습니다.

Grammar

Make (= produce / create)

만들다 (생산하다 / 창조하다)

make
저는 아침을 만듭니다. / 저는 커피를 만듭니다.
make a ~
그들은 소란스럽습니다. / 저는 약속이 있습니다.
It makes me (feel)~
그것은 사람들을 안전하게 해줍니다. / 그것은 저를 행복하게 만듭니다.

빈칸을 채우세요. make 또는 made를 사용하세요.

1. made
   모건의 신호등은 사람들을 안전하게 해 주었습니다.
2. made
   어제 친구들을 위해 차를 끓였습니다.
3. make
   침대를 정리하세요.
4. made
   미안해요, 제가 실수했습니다.
5. make
   케이크를 어떻게 만드는지 궁금합니다.

Writing

문장을 순서에 맞게 정렬하세요.

1. He was a black inventor.
   그는 흑인 발명가입니다.
2. The traffic signal could stop all traffic.
   신호등은 모든 교통을 정지시킬 수 있습니다.
3. The traffic signal made people safe.
   신호등은 사람들을 안전하게 해 주었습니다.
4. He invented a gas mask.
   그는 가스 마스크를 발명했습니다.

Speaking

가렛 모건에 대해 친구들과 이야기 해보세요.

1. Yes, I do. He is Garrett Morgan.
   이 사람이 누군지 아나요?
   네, 그는 가렛 모건입니다.

2. **Garrett Morgan invented it.**
누가 이 신호등을 발명했습니까?
가렛 모건이 발명했습니다.

3. **Because there were many traffic problems.**
그는 왜 신호등을 발명했습니까?
왜냐하면 교통에 많은 문제가 있었기 때문입니다.

4. **Yes, it was.**
가스 마스크는 그의 발명품입니까?
예, 그렇습니다.

5. **Yes, they were.**
신호등은 유용했습니까?
예, 그렇습니다.

Review

주어진 문장이 맞으면 YES에 동그라미하세요.
주어진 문장이 옳지 않으면 NO에 동그라미하세요.

1. **YES**
신호등은 교통문제를 해결할 수 있었습니다.

2. **NO**
가렛 모건은 과학자입니다.

3. **YES**
모건의 신호등은 모든 교통을 정지시킬 수 있었습니다.

4. **NO**
경찰관을 위한 가스 마스크를 만들었습니다.

5. **YES**
그의 발명품은 사람들을 안전하게 해 주었습니다.

Act it Out

신호등에 대한 시를 읽고 완성하세요.

there, Go, Stop

교통 신호등

교통 신호등이 여기에도 있습니다.
교통 신호등이 저기에도 있습니다.
교통 신호등은 어디에나 있습니다.
녹색 신호는 '가라' 는 의미입니다.
빨간 신호는 '멈추라' 는 의미입니다.
그것은 우리를 안전하게 해 줍니다.

Unit 2
Jeans

사람들은 청바지 입는 것을 좋아합니다.
광부는 금을 찾고 있습니다.
그들은 튼튼한 바지가 필요합니다.
리바이는 독일에서 온 이민자였습니다.
그는 청바지를 발명했습니다.

Vocabulary

1. 청바지
2. 광부
3. ~을 찾다
4. 튼튼한
5. 바지
6. 이민자
7. 독일
8. 발명하다

Listening

잘 듣고 빠진 단어를 찾아 적으세요.

1. ① wear
사람들은 청바지를 입습니다.

2. ② invented
리바이는 청바지를 처음 만들었습니다.

3. ③ United States
리바이는 미국에 온 이민자입니다.

4. ② pants
광부들은 바지 때문에 골치 아파했습니다.

5. ③ businessman
리바이는 성공적인 사업가가 되었습니다.

Reading

누가 청바지를 만들었나요?

청바지를 즐겨 입습니까? 아마도 당신은 청바지를 즐겨 입을 것입니다. 청바지는 너무 일반적으로 보급되어서 전 세계 모든 연령대 사람들이 청바지를 입습니다. 그런데 청바지를 처음 만든 사람이 누구인지 알고 있습니까? 청바지는 '리바이 스트라우스'란 사람이 만들었는데, 그는 독일인으로 1847년 미국에 이민 왔습니다. 많은 사람들이 '골드러시' 기간에 금을 찾아 캘리포니아로 갔습니다. 리바이도 샌프란시스코로 갔지만, 그는 금을 찾는 것을 원하지 않았습니다. 그는 이 시기가 사업가가 되기에 적기라고 생각했습니다. 그가 도착했을 때, 금광의 광부들은 바지 때문에 골치 아파했습니다. 광부들은 아주 튼튼한 바지가 필요했고, 이것이 리바이가 튼튼한 청바지를 만들기 시작한 이유가 되었습니다. 광부들은 이 바지를 좋아했고, 빠르게 인기를 얻었습니다. 마침내 리바이는 성공한 사업가가 되었습니다.

문장을 읽고 맞는 답을 고르세요.

1. ② jeans

   모든 연령대의 사람들이 청바지를 입습니다.

2. ③ gold

   많은 사람들이 금을 찾아 캘리포니아로 갔습니다.

3. ① salesman

   리바이는 사업가가 되고 싶었습니다.

Grammar

TG 명사의 수(단수형 / 복수형)의 쓰임에 대해 배워봅시다.
셀 수 있는 명사는 수에 따라 단수, 복수형을 취합니다.
단수는 명사 앞에 a / an을 붙이고 복수(Plural)는 명사의
어미에 s / es를 붙입니다. 또한 Jeans처럼 두 개가 쌍을
이루어 하나의 물건을 이루는 명사는 항상 복수형인 복수
명사(plural nouns)로 쓰입니다.

Singular 단수 / Plural 복수

Singular 단수

저는 책을 한 권 가지고 있습니다.
저는 우산 한 개를 가지고 있습니다.
저는 옷 한 벌을 가지고 있습니다.

Plural 복수

저는 두 권의 책을 가지고 있습니다.
저는 두 개의 우산을 가지고 있습니다.
저는 두 벌의 옷을 가지고 있습니다.

Plural Nouns 복수 명사

jeans 청바지 / pants 바지 / shoes 신발 / mittens
벙어리장갑 / gloves 장갑 / glasses 안경

복수 명사를 쓰세요

1. books

   책상 위에 책이 한 권 있습니다.
   책상 위에 책이 여러 권 있습니다.

2. sisters

   우리 엄마는 여동생이 하나 있습니다.
   우리 아빠는 여동생이 둘 있습니다.

3. balloons

   그는 풍선이 하나 있다.
   그리고 그녀는 풍선이 세 개 있습니다.

4. boxes

   이것은 상자입니다.
   이것들은 상자들입니다.

5. jeans / glasses

   내 청바지 어디에 있지?
   내 안경은 어디에 있지?

Writing

문장을 순서에 맞게 정렬하세요.

1. He has an umbrella.

   그는 우산을 가지고 있습니다.

2. There are mittens.

   벙어리장갑이 있습니다.

3. He invented jeans.

   그는 청바지를 처음 만들었습니다.

4. She has many dresses.

   그녀는 드레스가 많습니다.

Speaking

청바지에 대해 친구들과 이야기 해보세요.

1. He is wearing jeans.

   그림 속의 남자아이는 무엇을 입고 있습니까?
   청바지를 입고 있어요.

2. Levi Strauss invented them.

   누가 청바지를 처음 만들었습니까?
   리바이 스트라우스란 사람이 만들었어요.

3. Yes, I like wearing jeans.
   Because they are comfortable.

   청바지를 즐겨 입습니까?
   네, 즐겨입습니다.
   왜 청바지를 즐겨 입습니까?
   편안해서요.

4. No, I don't like wearing jeans.
   Because they are too tight.

   청바지를 즐겨 입습니까?
   아니오, 좋아하지 않아요.
   왜 청바지를 즐겨 입지 않습니까?
   꼭 껴서요.

5. I have __2__ jeans. (숫자는 다양함)

   청바지가 몇벌 있나요?
   두 벌 있어요.

Review

주어진 문장이 맞으면 YES에 동그라미하세요.
주어진 문장이 옳지 않으면 NO에 동그라미하세요.

1. NO

   리바이의 형제들이 청바지를 처음 만들었습니다.

2. YES

   리바이는 사업가가 되고 싶었습니다.

3. NO

   리바이 스트라우스는 1847년에 독일로 왔습니다.

4. **NO**

광부들은 항상 새로운 텐트가 필요했습니다.

5. **YES**

리바이는 부자가 되었습니다.

TGt it out

친구들이 몇 벌의 청바지를 갖고 있는지, 일주일에 며칠이나 청바지를 입는지 조사하여 표를 만들어 본 후 도표를 만들고 도표를 토대로 누가 더 많은 청바지를 가지고 있는지 이야기 나누어봅니다.

조사해 보세요.

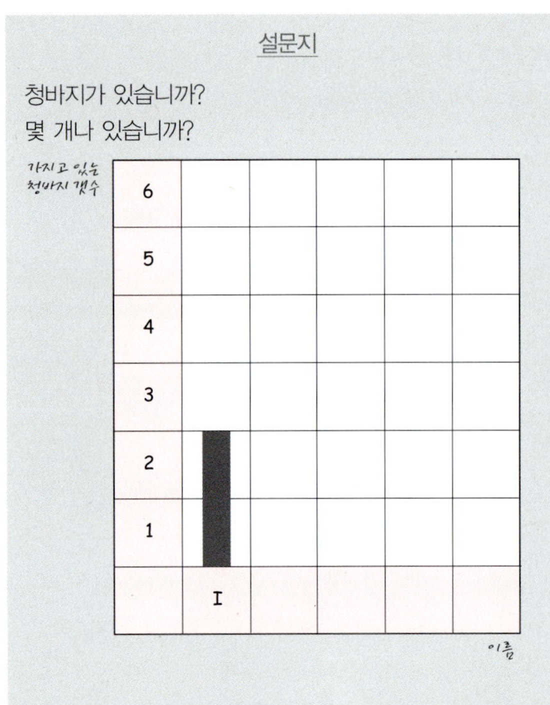

마틴 루터 킹은 침례교회 목사였습니다.
그는 유명한 연설가였습니다.
흑인들은 투표권을 갖지 못했습니다.
흑인들은 버스 뒷자리에만 앉아야 했습니다.
그는 시민권 운동의 지도자였습니다.

Vocabulary

1. 목사
2. 연설자
3. 흑인
4. 투표하다
5. 권리
6. 뒤에
7. 시민
8. 운동

Listening

잘 듣고 빠진 단어를 찾아 적으세요.

1. ② leader

   마틴 루터 킹은 시민권 운동의 중요한 지도자였습니다.

2. ① Black people

   흑인들은 버스의 뒷자리에만 앉아야 했습니다.

3. ② speech

   그는 그의 연설때문에 유명합니다.

4. ② in 1968

   불행하게도 그는 1968년에 암살당했습니다.

5. ③ efforts

   그는 그의 노력 덕분에 노벨평화상을 받았습니다.

Reading

마틴 루터 킹 박사

마틴 루터 킹 박사는 1929년 태어났습니다. 그는 흑인 침례교회 목사이자 미국 시민권 운동의 중요한 지도자였습니다. 그 당시, 흑인들은 대중버스의 뒷자리에만 앉아야 했고, 심지어 흑인이라는 이유 때문에 투표권도 갖지 못했습니다. 킹 박사는 이러한 것이 모두 불평등하고 생각했고, 흑인도 백인과 동등한 권리를 가져야한다고 주장하였습니다. 그는 또한 미국 역사상 가장 위대한.연설가 중 한 명이기도 합니다. 그의 가장 유명한 연설은 '나에게도 꿈이 있습니다.' 입니다. 1964년 그는 그의 노력 때문에 노벨평화상을 받았습니다. 안타깝게도 1968년 암살당하게 됩니다. 그러나 오늘날, 전 세계 많은 사람들은 여전히 그를 기억하고 있고, 그의 생일은 1986년 이후부터 미국의 국경일로 지정되었습니다.

문장을 읽고 맞는 답을 고르세요.

1. ② at the back of
   흑인들은 버스의 뒷자리에만 앉아야 했습니다.

2. ① speakers
   마틴 루터 킹은 미국 역사상 가장 위대한 연설가 중 한 명입니다.

3. ③ Nobel Peace Prize
   그는 1964년 노벨평화상을 받았습니다.

Grammar

TG 접속사(Conjunction)의 쓰임에 대해 배워봅시다.
접속사란 문장에서 단어, 구, 절을 연결하는 말로 since (~이후로)는 시간의 접속사로 because (~때문에)는 원인 / 이유의 접속사로 쓰입니다.

Conjunction 접속사

because ~때문에
그들은 흑인이라는 것 때문에 투표권을 갖지 못했습니다.

since ~한 이후로
저는 어싯 실 이후로 피아노를 연주했습니다.

올바른 단어에 동그라미를 하세요.

1. because
   어제 저녁에 잠을 설쳐서 매우 피곤합니다.

2. because
   텔레비전이 고장나서 볼 수가 없습니다.

3. since
   그는 어려서부터 여기서 살았습니다.

4. since
   그들은 마틴 루터 킹에 관해 읽은 후부터 그를 존경해왔습니다.

5. because
   그는 눈이 좋지 않아서 안경을 씁니다.

Writing

문장을 순서에 맞게 정렬하세요.

1. He is Martin Luther King, Jr
   그는 마틴 루터 킹 주니어입니다.

2. He was a great speaker.
   그는 위대한 연설가였습니다.

3. He was famous for his speech.
   그는 그의 연설때문에 유명합니다.

4. He received the Nobel Peace Prize.
   그는 노벨 평화상을 받았습니다.

Speaking

마틴 루터 킹에 대해 친구들과 이야기 해보세요.

1. Yes, I do. He is Martin Luther King, Jr.
   이 사람이 누구인지 아나요?
   마틴 루터 킹 주니어에요.

2. Yes, he was one of the greatest speakers.
   그는 위대한 연설가였습니까?
   예, 위대한 연설가중의 한 사람이에요.

3. His famous speech was 'I have a dream.'
   그의 유명한 연설은 무엇입니까?
   그의 유명한 연설은 '나에게도 꿈이 있다.' 입니다.

4. Because black people didn't have the right to vote.
   왜 그는 시민권 운동의 지도자가 되었습니까?
   왜냐하면 흑인들은 투표권이 없었기 때문입니다.

5. Yes, he did.
   그는 노벨평화상을 받았습니까?
   예, 받았습니다.

Review

주어진 문장이 맞으면 YES에 동그라미하세요.
주어진 문장이 옳지 않으면 NO에 동그라미하세요.

1. NO
   루터 킹 박사는 1968년에 태어났습니다.

2. NO
   루터 킹 박사는 선생님이었습니다.

3. YES
   루터 킹 박사가 태어나기 전에 흑인들은 투표권이 없었습니다.

4. YES
   루터 킹 박사는 암살당했습니다.

5. NO
   루터 킹의 생일은 영국의 국경일입니다.

Act it Out

위인전을 만들어 보세요.

TG 학생들이 각자 자신이 좋아하는 역사적 인물을 자료를 찾게 도와주고, 그 사람에 관한 글을 단문으로 쓸 수 있게 도와 아래 그림처럼 아코디언 형식의 간단한 모양으로 위인전(biography)을 만들도록 유도합니다.

1. 종이를 가로로 놓습니다.
2. 종이를 반으로 접으세요.
3. 종이를 아코디언처럼 같은 길이로 접으세요.
4. 첫 번째 페이지에 제목을 쓰세요.
5. 마틴루터킹에 대해 써 보세요.

이것은 가계도입니다.
아버지, 어머니는 부모님이십니다.
저는 조부모님이 계십니다.
사촌은 삼촌의 아이입니다.

Listening

잘 듣고 빠진 단어를 찾아 적으세요.

1. ① A family tree
   가계도는 가족 관계를 보여줍니다.

2. ② parents
   엄마와 아빠를 부모님이라고 합니다.

3. ① Aunts
   이모는 엄마의 여자형제입니다.

4. ③ Uncles
   삼촌은 부모님의 남자형제입니다.

5. ③ cousins
   삼촌의 아이들은 사촌입니다.

Reading

가계도

가계도란 무엇입니까? 그것은 도식입니다. 가계도는 모든 가족 구성원을 보여줍니다. 가족 구성원은 조부모님, 삼촌, 이모와 사촌을 포함한 부모님과 자녀들을 모두 일컫습니다. 그들은 일가친척이라 불립니다. 엄마와 아빠를 부모님이라고 합니다. 조부모님은 부모님의 부모를 일컫는 말입니다. 만약 부모님께 남자 형제분이 있다면, 그를 삼촌이라고 부릅니다. 만약, 여자 형제들이 있다면, 그녀를 이모, 고모, 숙모라고 부릅니다. 또한 삼촌과 숙모에게 아이들이 있다면, 그들은 당신의 사촌입니다. 보다시피, 가계도는 또한 당신과 당신 친척간의 관계를 보여줍니다.

문장을 읽고 맞는 답을 고르세요.

1. ② A family tree
   가계도는 가족 관계 도표입니다.

2. ① grandparents
   부모님의 부모님은 조부모님입니다.

3. ③ uncle
   아버지한테 남자 형제가 있다면, 그는 당신의 삼촌입니다.

Grammar

TG 인칭대명사(Personal pronouns)의 쓰임에 대해 배워봅시다. 사람을 가리키는 대명사로 수와 격에 따라 모양이 변합니다.

Personal pronouns 인칭대명사

subject pronouns	I	we	you	he	she	they
주격대명사	나	우리	당신	그	그녀	그들
object pronouns	me	us	you	him	her	them
목적격대명사	나를	우리를	당신을	그를	그녀를	그들을

그들은 당신의 사촌입니다.
주어

저는 그들을 사랑합니다.
목적어

올바른 단어를 박스에서 고르세요.

1. He, him
   그분은 저의 할아버지이십니다. 전 매주 할아버지를 방문합니다.

2. She, her
   그녀는 제 엄마이십니다. 저는 엄마를 꼭 껴안아주지요.

3. They, them
   그들은 제 사촌들입니다. 전 그들을 매우 좋아합니다.

4. He, her
   이분은 저의 아빠이십니다. 아빠는 여동생이 계십니다. 전 그녀를 애니 고모라고 부릅니다.

5. We, us
   우리는 책이 많습니다. 우리 엄마는 매일 저녁 우리에게 책을 읽어주십니다.

Writing

문장을 순서에 맞게 정렬하세요.

1. This is a family tree.
   이것은 가계도입니다.

2. They are my grandparents.
   그분들은 저의 조부모님이십니다.

3. My father reads a newspaper.
   우리 아빠는 신문을 읽으십니다.

4. My mother cleans the house.
   우리 엄마는 집을 청소하십니다.

Speaking

TG 가족구성원의 명칭을 익힌 후, 가족사진을 이용하여 친구들에게 가족 소개를 하는 시간을 가져보세요.

가족 구성원에 대해 친구들과 이야기해 보세요.

1. **He is my father.**
   이 분이 누구입니까?
   아버지입니다.

2. **They are my grandparents.**
   이 분들은 누구입니까?
   조부모님입니다.

3. **He is my brother.**
   이 남자아이는 누구입니까?
   내 형입니다.

4. **I have one sister.**
   여자형제는 모두 몇 명입니까?
   한 명입니다.

5. **I have 7 people in my family.**
   가족이 모두 몇 명입니까?
   선부 /명입니나.

Review

주어진 문장이 맞으면 YES에 동그라미하세요.
주어진 문장이 옳지 않으면 NO에 동그라미하세요.

1. **NO**
   가계도는 소나무입니다.

2. **YES**
   가계도는 모든 가족 구성원을 보여줍니다.

3. **NO**
   엄마의 남동생은 저의 이모입니다.

4. **YES**
   삼촌의 딸은 저의 사촌입니다.

5. **YES**
   아빠의 남동생은 저의 삼촌입니다.

Act it Out

가계도를 그리세요. 그런 다음 가계도에 대해 영어로 쓰세요.

Unit 5
Firefighters

소방서에서 화재경보기가 울립니다.
소방관은 헬멧을 착용합니다.
그들은 소방차에 올라탑니다.
소방관들은 호스를 이용해서 불을 끕니다.

Vocabulary

1. 화재경보기
2. 소방서
3. 소방관
4. 헬멧
5. 소방차
6. 호스

Listening

잘 듣고 빠진 단어를 찾아 적으세요.

1. ① hose
   소방관들은 호스를 이용해서 불을 끕니다.

2. ① pole
   소방관들은 봉을 타고 내려옵니다.

3. ① fire engine
   소방관이 소방차에 올라탑니다.

4. ② rescue
   소방관들은 도움이 필요한 사람들을 구해줍니다.

5. ③ teach
   소방관들은 사람들에게 화재예방법을 가르칩니다.

Reading

소방관

소방서에서 화재경보기가 울립니다. 사람들이 봉을 타고 내려옵니다. 그들은 소방관입니다. 소방관들은 유니폼과 헬멧을 착용하고, 소방차에 올라탑니다. 대다수의 남자 아이들은 빨간 소방차를 좋아합니다. 그러나 소방관은 어렵고 힘든 직업입니다. 그들은 우선 호스를 이용해서 불을 끄려고 시도합니다. 소방관들은 불타는 건물에서 아직 빠져나오지 못한 사람들을 구하기도 하고, 심지어 의사처럼 사람들의 목숨을 살리기도 합니다. 소방관들은 다친 사람들에게 응급처방을 해줍니다. 그들은 화재예방에 관한 것을 사람들에게 가르치기도 합니다. 그들은 우리 공동체 사회의 중요한 조력자들입니다.

문장을 읽고 맞는 답을 고르세요.

1. ① fire department
   소방서에서 화재경보기가 울립니다.

2. ② helmets
   소방관들은 유니폼과 헬멧을 착용합니다.

3. ③ put out
소방관들은 호스를 이용해서 불을 끕니다.

Grammar

(TG) 구동사(Phrasal verbs)의 쓰임에 대해 배워봅시다.
구동사는 동사가 부사 또는 전치사와 결합한 것으로 동사
의 의미가 변해 다른 뜻을 갖게 됩니다. 영어에서는 이러
한 구동사가 많이 쓰입니다.

Phrasal verb 구동사

get on   타다
저는 버스를 탑니다.

put on   착용하다
소년은 코트를 입습니다.

put out   불을 끄다
그들은 호스를 이용해서 불을 끕니다.

올바른 단어에 동그라미를 하세요.

1. puts on
   그는 헬멧을 착용합니다.

2. gets on
   소방관이 불자동차에 올라탑니다.

3. put out
   그들은 불을 끕니다.

Writing

문장을 순서에 맞게 정렬하세요.

1. He is a firefighter.
   그는 소방관입니다.

2. A man gets on the fire engine.
   남자가 소방차에 탑니다.

3. A firefighter puts on a helmet.
   소방관은 헬멧을 씁니다.

4. They put out the fire with a hose.
   호스로 불을 끕니다.

Speaking

소방관에 대해 친구들과 이야기 해보세요.

1. Yes, they are.
   그들은 지역 사회 조력자들입니까?
   예, 그렇습니다.

2. It is a red fire engine.
   이것은 무엇입니까?
   빨간색 소방차입니다.

3. No. It is a helmet.
   이것은 모자입니까?
   아니오, 그것은 헬멧입니다.

4. No. This is a fire department.
   여기가 경찰서입니까?
   아니오, 소방서입니다..

5. They are putting out a fire.
   무엇을 하고 있습니까?
   불을 끄고 있습니다.

Review

주어진 문장이 맞으면 YES에 동그라미하세요.
주어진 문장이 옳지 않으면 NO에 동그라미하세요.

1. No
   소방관은 학교에서 아이들을 가르칩니다.

2. Yes
   소방관이 봉을 타고 내려옵니다.

3. Yes
   소방관은 불을 끄는 일을 도와줍니다.

4. No
   대다수의 남자 아이들은 불자동차를 싫어합니다.

5. Yes
   소방관은 우리 지역사회의 조력자입니다.

Act it Out

화재 예방을 큰 소리로 읽어보세요.

화재 예방

1. 전등위에 물건을 놓지 마세요.
2. 성냥이나 초는 절대 만지지 마세요.
3. 부모님 없이는 부엌에서 요리하지 마세요.
4. 전기코드 가지고 놀지 마세요.
5. 집을 나올 땐 TV와 전기를 끄세요.

Unit 6
School Rules

각 학교들은 규칙이 있습니다.
학생들은 규칙을 따라야만 합니다.
친구들을 다치게 하지 마세요.
복도에서 뛰지 마세요.
교실을 깨끗이 정돈하세요.

Vocabulary

1. 규칙
2. 따르다
3. 다치다
4. 복도
5. 유지하다
6. 깨끗한

Listening

잘 듣고 빠진 단어를 찾아 적으세요.

1. ② school
   아이들은 대개 학교에 다닙니다.

2. ① keep
   모든 학생들은 학칙을 지켜야만 합니다.

3. ③ teacher
   선생님 말씀을 잘 들으세요.

4. ② run
   복도에서 뛰지 마세요.

5. ② follow
   규칙을 따르는 것은 중요합니다.

Reading

교칙

각 학교마다 규칙이 있습니다. 모든 학생들은 이 학칙들을 지켜야만 합니다. 몇 가지 학칙의 예를 적어보면 다음과 같습니다.
- 제 시간에 등교하세요.
- 선생님 말씀 잘 들으세요.
- 복도에서 뛰지 마세요.
- 교실 깨끗이 정돈하세요.
- 다른 사람들을 다치게 하지 마세요.
이러한 규칙은 매우 중요합니다. 왜냐하면 이 규칙들을 지키지 않으면 좋지 않은 일들이 벌어질 수도 있기 때문입니다.

문장을 읽고 맞는 답을 고르세요.

1. ③ students
   모든 학생들은 학칙을 지켜야만 합니다.

2. ② on time
   제 시간에 등교하세요.

3. ③ your classroom
   교실을 깨끗이 정돈하세요.

Grammar

TG 부정문(Negative sentences)에 대해 배워봅시다.
be동사에는 그 자체에 'not'을 붙여 부정문을 만들지만, 일반 동사의 경우에는 don't (do not), doesn't (does not)를 사용하여 만듭니다.

Simple present negative (Sentences with 'not')

현재 시제 부정문

Positive	I read a book.	He reads a book.
긍정문	저는 책을 읽습니다.	그는 책을 읽습니다.
Negative	I don't read a book.	He doesn't read a book.
부정문	저는 책을 읽지 않습니다.	그는 책을 읽지 않습니다.

부정문을 써보세요.

1. don't (= do not)
   그들은 교실을 깨끗이 정돈합니다.
   그들은 교실을 깨끗이 정돈하지 않습니다.

2. doesn't (= does not)
   그는 선생님 말씀을 잘 듣습니다.
   그는 선생님 말을 듣지 않습니다.

3. doesn't (= does not)
   그녀는 제 시간에 학교에 갑니다.
   그녀는 제시간에 학교에 가지 않습니다.

Writing

문장을 순서에 맞게 정렬하세요.

1. There are some rules at school.
   학교에는 규칙이 있습니다.

2. Keep the classroom clean.
   교실을 깨끗이 정돈하세요.

3. Do not run in the halls.
   복도에서 뛰지 마세요.

4. The rules are very important.
   규칙이란 매우 중요합니다.

Speaking

학교에 대해 친구들과 이야기 해보세요.

1. Yes, it is.
   그림을 보세요. 그것은 학교입니까?
   예, 그렇습니다.

2. I see a teacher and students.

이것은 교실입니다. 무엇이 보입니까?

선생님하고 학생들이 보입니다.

3. It is an eraser.

이것은 무엇입니까?

지우개에요.

4. I like English. (= My favorite subject is English.)

학교에서 제일 좋아하는 과목은 무엇입니까?

영어입니다.

5. Do not run in the halls.

당신의 학교의 규칙 하나를 말해주세요.

복도에서 뛰지 말기에요.

Review

주어진 문장이 맞으면 YES에 동그라미하세요.

주어진 문장이 옳지 않으면 NO에 동그라미하세요.

1. YES

학교에는 규칙이 있습니다.

2. NO

모든 교사들은 학칙을 지켜야만 합니다.

3. NO

복도에서 뛰어 다니세요.

4. YES

학생들은 제 시간에 등교해야 합니다.

5. YES

학생들은 교실을 깨끗이 정돈해야 합니다.

Act it Out

학교 규칙을 쓰세요.

개미의 몸은 세 부분으로 이루어져 있습니다.

그것은 머리, 가슴, 배입니다.

개미는 눈과 더듬이가 있다.

그들은 턱으로 음식을 자릅니다.

개미는 여섯 개의 다리가 있다

그들은 뾰족한 침을 가지고 있습니다.

Vocabulary

1. 부분

2. 머리

3. 가슴

4. 배

5. 더듬이

6. 턱

7. 다리

8. 침

Listening

잘 듣고 빠진 단어를 찾아 적으세요.

1. ② head

개미의 몸은 세 부분으로 이루어져 있습니다: 머리, 가슴과 배

2. ① eyes

개미는 눈으로 사물을 봅니다.

3. ③ legs

개미는 여섯 개의 다리들로 걷기도 하고 기어오르거나 땅을 팝니다.

4. ② jaws

개미는 날카로운 턱으로 사물을 자르거나 물거나 나릅니다.

5. ② antennae

개미는 두 개의 더듬이로 만지거나 맛을 보거나 냄새를 맡습니다.

Reading

개미

개미는 곤충입니다. 그들의 몸은 세 부분으로 이루어져 있으며, 여섯 개의 튼튼한 다리를 가지고 있습니다. 개미는 여러 색을 띠고 있습니다. 그들은 검정, 갈색, 붉은색, 노란색 또는 초록색을 띠기도 합니다. 개미는 두 개의 더듬이를 가지고 있습니다. 이 더듬이를 이용해서 개미는 만지거나 냄새를 맡습니다. 어떤 개미들은 크고 튼튼한 턱을 가지고 있습니다. 이 턱으로 자르고 깨물고 땅을 파고 나릅니다.

문장을 읽고 맞는 답을 고르세요.

1. ② insects

개미는 곤충입니다.

2. ③ six

    개미의 다리는 몇 개입니까? 6개

3. ② jaws

    개미는 무엇으로 음식을 자르나요? 턱

Grammar

TG be 동사(am, is , are)와 have동사의 쓰임에 대해 배워 봅시다.

주어자리에 오는 명사에 따라 동사의 형태가 변화하는 것을 살펴보면서 읽어보세요.

to be ～이다

I 나	am
you 당신, we 우리, they 그들	are
she 그녀, he 그, it 그것	is

to have ～을 가지고 있다

I 나, you 당신, we 우리, they 그들	have
she 그녀, he 그, it 그것	has

개미는 곤충입니다.

그들은 튼튼한 여섯 개의 다리가 있습니다.

올바른 단어를 상자에서 고르세요.

1. am, have

    저는 소년입니다.

    저는 책이 있습니다.

2. are, have

    우리는 친구입니다.

    우리는 자전거가 있습니다.

3. is, has

    그녀는 선생님입니다.

    그녀는 개가 있습니다.

4. are, have

    나비는 곤충입니다.

    그것들은 4개의 날개가 있습니다.

5. are, have

    개는 동물입니다.

    개들은 4개의 다리와 꼬리가 있습니다.

Writing

문장을 순서에 맞게 정렬하세요.

1. Ants are insects.

    개미는 곤충입니다.

2. Ants have three body parts.

    개미는 몸이 세 부분으로 이루어져 있습니다.

3. Ants have two antennae.

    개미는 두 개의 더듬이가 있습니다.

4. Ants have strong jaws.

    개미는 튼튼한 턱을 가지고 있습니다.

Speaking

개미에 대해 친구들과 이야기해 보세요.

1. They are ants.

    이것들이 무엇입니까?

    개미에요.

2. No. They are insects.

    개미는 동물입니까?

    아니오, 곤충입니다.

3. Ants can be black, brown, red, yellow or green.

    개미는 무슨 색입니까?

    검정, 갈색, 빨강, 노란 또는 초록색을 띕니다.

4. Ants have two antennae.

    개미는 더듬이가 몇 개입니까?

    개미는 더듬이가 두 개입니다.

5. Ants cut, bite, dig and carry with their jaws.

    개미는 턱으로 무엇을 합니까?

    자르기도 하고 땅을 파거나 뭔가를 운반하기도 합니다.

Review

주어진 문장이 맞으면 YES에 동그라미하세요.

주어진 문장이 옳지 않으면 NO에 동그라미하세요.

1. NO

    개미는 포유동물입니다.

2. YES

    개미의 몸은 세 개의 부분으로 이루어져 있습니다.

3. YES

    개미는 붉은색, 노란색 또는 검정색을 띕니다.

4. NO

    개미는 더듬이로 음식을 자릅니다.

5. YES

    개미는 튼튼한 여섯 개의 다리가 있습니다.

Act it Out

맞는 답을 찾아 쓰세요

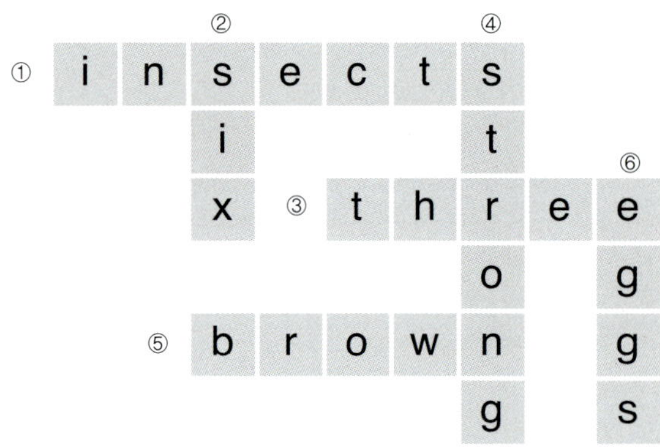

1. **insects**
   개미는 곤충입니다.

2. **six**
   개미는 6개의 다리가 있습니다.

3. **three**
   개미의 몸은 세 부분으로 이루어져 있습니다.

4. **strong**
   개미는 몸집에 비해 힘이 셉니다.

5. **brown**
   개미는 갈색을 띄기도 합니다.

6. **eggs**
   여왕개미는 알을 낳습니다.

우리 모두는 지구에 살고 있습니다.
지구는 아름다운 행성입니다.
지구는 물과 육지로 이루어져 있습니다.
지구 표면의 대부분은 물로 덮여 있습니다.

Vocabulary

1. 지구
2. 행성
3. ~로 이루어져 있다
4. 육지
5. 표면
6. ~로 덮여 있다

Listening

잘 듣고 빠진 단어를 찾아 적으세요.

1. ② Earth
   우리 모두는 지구에 살고 있습니다.

2. ③ planet
   지구는 아름다운 행성입니다.

3. ② blue
   지구는 파랗고 하얀 공처럼 보입니다.

4. ③ water
   지구는 물과 육지로 이루어져 있습니다.

5. ① land
   육지는 지구 표면의 30%를 차지합니다.

Reading

지구 표면

지구의 표면에 대해 알고 있나요? 여러분도 아다시피, 지구는 아름다운 행성입니다. 우주에서 지구를 바라보면, 지구는 파랗고 하얀 공처럼 보입니다. 실제로, 지구의 대부분은 강이나 대양과 같은 물로 덮여 있어 파랗게 보이는 것입니다. 지구는 또한 육지로도 이루어져 있습니다. 육지는 지구 표면의 30%만을 차지하고 있습니다. 여러분이 보다시피 육지는 작지만, 이 아름다운 행성에서 산다는 것은 멋진 일입니다.

문장을 읽고 맞는 답을 고르세요.

1. ② a planet
   지구는 행성입니다.

2. ③ water
   지구 표면 대부분은 물로 덮여 있습니다.

3. ① 30%
   지구의 몇 퍼센트가 육지입니까?

Grammar

TG 명사(Noun)의 쓰임에 대해 배워봅시다.
명사는 들어가는 문장에서의 자리에 따라 주어, 목적어,
보어의 역할로 각각 달리 쓰인다.

The Noun Group 명사그룹

Subject 주어
동사의 동작이나 상태의 주체

Object 목적어
행동의 대상

Complement 보어
불완전한 주체나 대상을 보충해주는 수식어

<u>지구는</u> 행성입니다.
  주어

우리는 <u>지구를</u> 좋아합니다.
        목적어

이 행성은 <u>지구입니다.</u>
            보어

올바른 답을 적으세요.

1. This pencil, a pencil, a short pencil
   이 연필은 짧습니다.
   전 연필이 있습니다.
   이것은 짧은 연필입니다.

2. Apples, an apple, an apple.
   사과는 과일입니다.
   저는 사과를 먹습니다.
   이 과일은 사과입니다.

3. My teacher, my teacher, my teacher.
   저의 선생님은 좋으십니다.
   전 우리 선생님을 좋아합니다.
   그녀는 제 선생님이십니다.

Writing

문장을 순서에 맞게 정렬하세요.

1. This is the earth.
   이것은 지구입니다.

2. Most of the earth is covered with water.
   지구의 대부분은 물입니다.

3. This is a beautiful planet.
   이것은 아름다운 행성입니다.

4. We love the earth.
   우리는 지구를 사랑합니다.

Speaking

지구에 대해 친구들과 이야기해 보세요.

1. Yes. It is a kind of planets.
   이것은 행성입니까?
   예, 행성의 하나입니다.

2. I live on the earth.
   어떤 행성에서 살고 있습니까?
   지구에서 삽니다.

3. Yes. It looks like a blue ball.
   공처럼 생겼습니까?
   예, 파란 공처럼 생겼습니다.

4. This part is covered with water.
   이것은 지구의 표면입니다. 이 부분이 뭔지 말해 줄래요?
   물로 덮여 있어요.

Review

주어진 문장이 맞으면 YES에 동그라미하세요.
주어진 문장이 옳지 않으면 NO에 동그라미하세요.

1. NO
   지구는 공입니다.

2. YES
   지구는 행성입니다.

3. YES
   지구의 대부분은 물로 덮여있습니다.

4. NO
   지구 표면의 30%가 바다입니다.

5. YES
   지구는 살기 좋은 곳입니다.

Act it Out

블록 퍼즐을 만들어 보세요.

TG 아래 그림과 같이 지구 그림을 퍼즐로 만들어 아이들이
완성한 후, 완성된 것이 무엇인지 물어보는 활동입니다.

Paper

종이로 만들어진 물건들이 많습니다.
우리는 어디에서나 종이를 볼 수 있습니다.
화장지와 신문은 종이로 만든 생산품입니다.
통나무는 펄프가 됩니다.
종이를 만들기 위해 펄프를 화학약품과 혼합시킵니다.

Vocabulary

1. 종이
2. 어디에서나
3. 생산품
4. 통나무
5. 펄프
6. 화학약품

Listening

잘 듣고 빠진 단어를 찾아 적으세요.

1. ① paper
   종이로 만들어진 물건들이 많습니다.

2. ② everywhere
   당신은 어디에서나 종이를 발견할 수 있습니다.

3. ① trees
   대부분의 종이는 나무로 만듭니다.

4. ③ the logs
   사람들은 통나무를 종이 만드는 회사로 실어 나릅니다.

5. ② wet
   정제된 펄프는 젖은 상태의 종이가 됩니다.

Reading

종이는 어디에서 옵니까?

종이로 만들어진 물건은 많습니다. 책, 공책, 신문, 종이봉지와 화장지는 종이로 만든 생산품들입니다. 주변을 둘러보면 여러분은 어디에서나 종이를 발견할 것입니다. 그런데 종이가 무엇으로 만들어 지는지 알고 있나요? 대부분의 종이는 나무로 만듭니다. 다음은 종이를 만드는 과정입니다. 첫 번째로, 사람들은 숲 속의 나무를 베어 나뭇가지를 잘라냅니다. 그 다음에 통나무를 종이 회사로 운반합니다. 통나무는 작은 조각으로 잘라진 다음 펄프가 됩니다. 물기가 많은 종이를 만들기 위해 펄프를 물과 화학약품을 기계에 넣고 혼합시킵니다. 이 젖은 종이는 열 롤러에 의해 물기가 빠지면서 마르고, 마침내 마른 펄프는 종이가 됩니다.

문장을 읽고 맞는 답을 고르세요.

1. ③ trees
   대부분의 종이는 나무로 만듭니다.

2. ② newspapers
   책 공책, 신문은 종이로 만들어진 생산품입니다.

3. ① The logs
   통나무는 펄프가 됩니다.

Grammar

TG 동사(Verbs)자리에 대해 배워봅시다.
문장 안에서 동사는 움직임을 나타내주는 역할로 주어(Subject) 다음 자리에 위치하므로 동사를 찾으면 문장 이해력이 향상됩니다.

Main Verbs 주동사

문장 안에서 주요 동작이나 상태를 나타내는 동사

• 대부분의 종이는 나무로 만듭니다.

주동사를 찾아 동그라미를 하세요.

1. cut
   사람들이 나무를 벱니다.

2. transport
   사람들이 통나무를 종이 회사로 나릅니다.

3. are
   책은 종이로 만든 생산품입니다.

4. see
   종이는 어디에서나 볼 수 있습니다.

Writing

문장을 순서에 맞게 정렬하세요.

1. People cut down trees.
   사람들이 나무를 자릅니다.

2. Most paper comes from trees.
   대부분 종이는 나무로 만듭니다.

3. There are many things made of paper.
   종이로 만든 것들이 많이 있습니다.

4. We see paper everywhere.
   우리는 어디에서나 종이를 봅니다.

Speaking

종이로 만든 것들에 대해 이야기해 보세요.

1. Yes, it is.
   이건 책이에요. 책은 종이로 만듭니까?
   예, 그렇습니다.

2. It is a toilet paper.
   이것은 무엇입니까?
   화장지입니다.

3. **They are newspapers.**
   이것들은 무엇입니까?
   신문입니다.

4. **I see a paper bag.**
   탁자위에 무엇이 보이나요?
   종이 봉투가 보입니다.

5. **Cereal boxes, money and notebooks.**
   종이로 만든 게 무엇인지 말해 봅시다.
   시리얼 상자, 돈 그리고 공책이요.

Review

주어진 문장이 맞으면 YES에 동그라미하세요.
주어진 문장이 옳지 않으면 NO에 동그라미하세요.

1. **YES**
   대부분의 종이는 나무로 만듭니다.

2. **YES**
   어디에서나 종이를 발견할 것입니다.

3. **NO**
   종이로 만들어진 제품은 거의 없습니다.

4. **YES**
   작은 나무 조각들은 펄프가 됩니다.

5. **NO**
   깡통은 종이제품입니다.

Act it Out

종이로 만든 것들을 고르세요.

SYLLABUS

Unit	Vocabulary	Listening	Reading
1. Garrett Morgan	street, busy, businessman, traffic signal, solve, problem, firefighter, safe	Listen to the sentence. (traffic problems, solve, car, inventions, firefighters)	The Black Inventor, Garrett Morgan
2. Jeans	jeans, miner, look for, strong, pants, immigrant, Germany, invent	Listen to the sentence. (wear, invented, United States, pants, businessman)	Who invented Jeans?
3. Martin Luther King	minister, speaker, black people, vote, right, at the back of, civil, movement	Listen to the sentence. (leader, Black people, speech, in 1968, efforts)	Dr. Martin Luther King, Jr.
4. A Family Tree	grandfather, grandmother, father, mother, brother, sister, aunt, uncle, cousin	Listen to the sentence. (A family tree, parents, Aunts, Uncles, cousins)	A Family Tree
5. Firefighters	fire alarm, fire department, fire fighter, helmet, fire engine, hose	Listen to the sentence. (hose, pole, fire engine, rescue, teach)	Firefighters
6. School Rules	rule, follow, hurt, hall, keep, clean	Listen to the sentence. (school, keep, teacher, run, follow)	School Rules
7. Ants	part, head, thorax, abdomen, antenna, jaw, leg, sting	Listen to the sentence. (head, eyes, legs, jaws, antennae)	Ants
8. Our Earth	earth, planet, is made of, land, surface, is covered with	Listen to the sentence. (Earth, planet, blue, water, land)	The surface of earth
9. Paper	paper, everywhere, product, log, pulp, chemical	Listen to the sentence. (paper, everywhere, trees, the logs, wet)	Where does paper come from?

Grammar

Reading 문장에 나온 주요 문법을 박스 안에 설명을 보며 이해하고 문제를 통해 확실하게 익힐 수 있는 기회를 갖습니다.

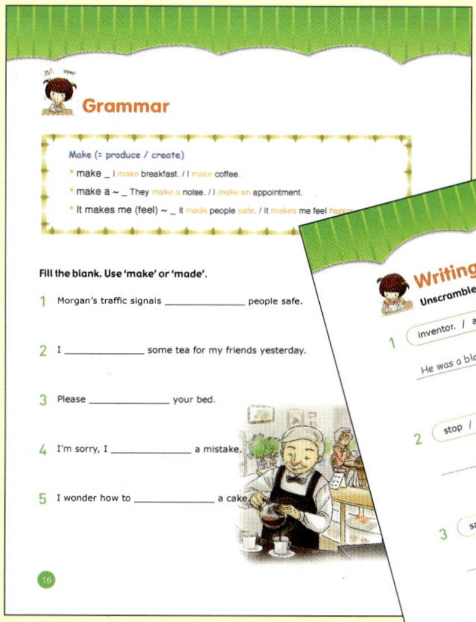

Writing

주어진 단어들을 순서에 맞게 정렬합니다. 영어 어순에 관해 정확하게 이해합니다.

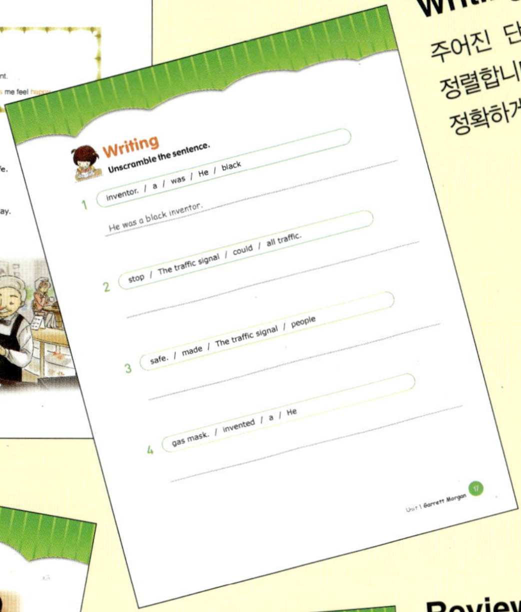

Speaking

본문에서 배운 지문(리스닝, 리딩)에 관해 친구들과 이야기 해 봅니다. 녹음파일을 듣고 대화를 완성한 후 친구들과 역할을 바꿔가며 연습해 봅니다.

Review

각 Unit을 얼마나 잘 이해했는지를 테스트하는 시간입니다. True / False 문제를 풀어보면서 본문에서 배웠던 내용을 떠올려 봅니다.

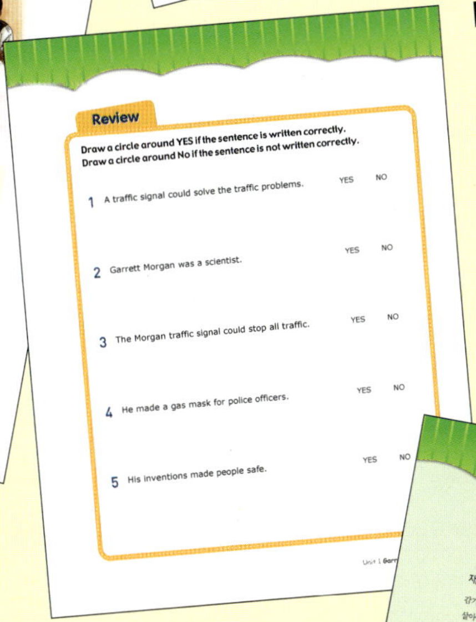

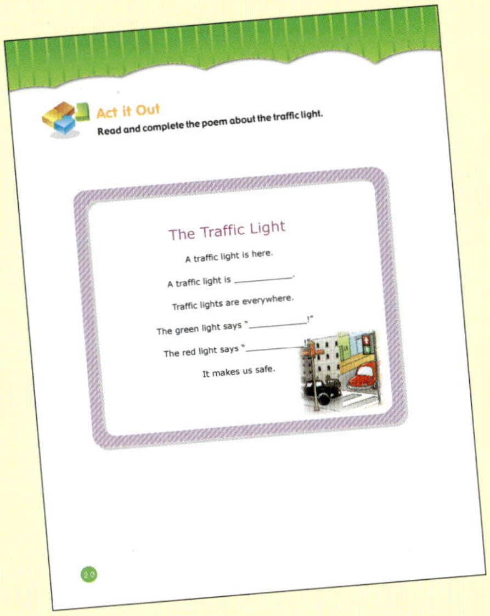

Act it Out

다양한 학습 활동들을 직접 써보거나 만들어 보며 주제를 쉽고 재미있게 기억할 수 있습니다.

Take a Break

쉬어가는 코너로 각 Unit을 공부하면서 생길 수 있는 궁금증들을 풀어주는 코너입니다. 다른 궁금증이 있으면 직접 인터넷이나 사전을 이용해 검색해보세요.

이 책의 특징 및 활용법

1. 미국 아이들과 같은 교재로 배운다

현재 미국 초등학교에서 쓰고 있는 교과서 내용들을 토대로
History, Social Studies, Science 교과 과정으로 구성하였습니다.

2. Reading, Listening, Speaking, Writing 균형 학습

Reading, Listening을 통해 언어 이해 능력을 키우며, 이를 적절하게
표현할 수 있게 도와주는 Speaking, Writing 활동까지 다룹니다. 영어의 4가지 영역을 균형있게 학습할
수 있습니다.

3. 다양한 읽기 주제 지문 수록

영어 동화에서 벗어나 아이들의 호기심을 만족시킬 만한 다양한 영역의 읽을거리를 제공하여 배경지식 습득
에도 도움이 됩니다.

4. 체계적 수준별 학습

초 · 중 · 고급 세 권을 단계적으로 구성하여 본 시리즈만으로 초등학교 저학년부터 예비중학 과정까지 학습
할 수 있습니다. 고급으로 갈수록 지문의 수준과 길이도 늘어나고 Writing과 Speaking에서도 새로운 형식
의 문제를 제공합니다.

Vocabulary

Reading에 나오는 중요하고
어려운 단어들을 미리 공부해
봅니다. 단어의 뜻을 모르더라
도 문장에서 추측해서 밑줄 위
에 적습니다.

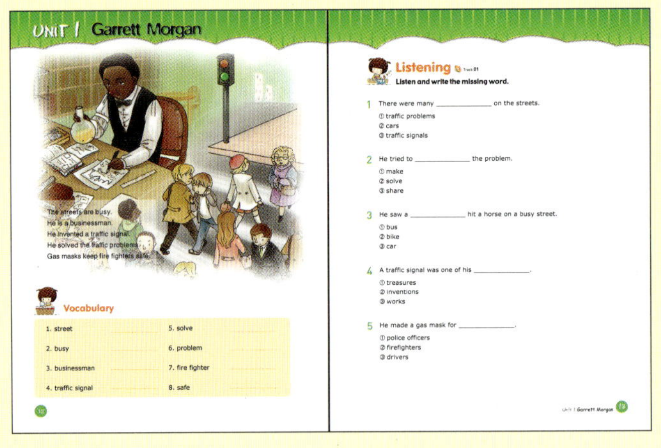

Listening

녹음된 문장을 듣고 밑줄 위에
들어갈 낱말을 골라봅니다.

Reading

역사, 사회, 과학 등 다양한 주
제를 영어로 습득할 수 있습니
다. Reading의 녹음 파일을
귀로 들으면서 읽으면 더욱 빨
리 이해할 수 있을 거예요.

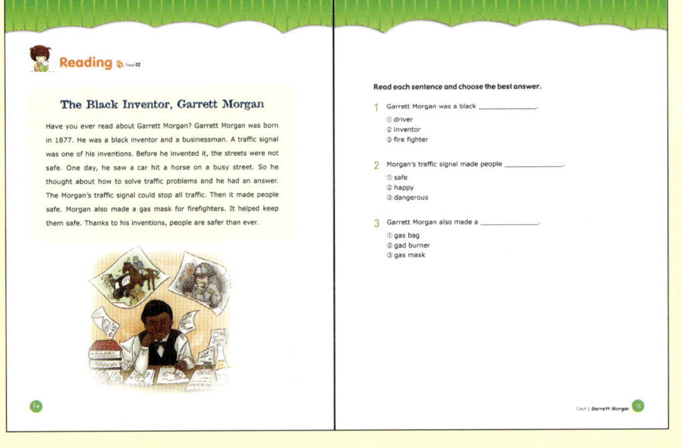

왼쪽 페이지에서 읽은 지문에
대한 이해도를 체크해 볼 수
있는 공간으로 문제에 관련된
세부사항은 지문을 다시 한 번
읽으면서 체크해 봅니다.

CONTENTS

History

Social Studies

Science

PREFACE

2009년 4월
D.E.A.R. 연구소 소장 서희정

안녕하세요. D.E.A.R.(Developing English Ability & Research) 연구소장 서희정입니다.

영어를 잘 한다는 것은 영어의 듣기, 읽기, 말하기 그리고 쓰기의 4가지 언어 영역을 골고루 그리고 균형적으로 다 잘하는 것을 뜻합니다. '영어로 말을 잘 했으면…' 하는 바램이 있다면 말하는 활동과 더불어 읽기와 듣기분야에 더 많은 시간을 할애해야 합니다.

다양한 상황에서의 듣기와 다양한 주제의 읽기 활동은 영어를 언어로서 이해하는 힘을 길러줌과 동시에 나아가 영어로 말하고 쓰는 능력까지 키워줍니다. 그러나 그저 읽기를 위한 읽기 활동은 재미도 없고 그 어떤 의미도 제공하지 않기 때문에 선별된 읽기 학습이 반드시 필요합니다.

또한 글이라고 해서 무조건 다 좋은 글은 아닙니다. 어떤 글은 재미는 있으나 영어 능력 배양에 도움이 되지 않는 경우도 있고 또 다른 경우는 지식에는 도움이 되나 너무 어렵고 생소하게 느껴져 아이들 스스로 영어 학습에 대한 동기를 부여 받지 못하는 경우도 있습니다. 따라서 좋은 글이라 하면 아이들의 다양한 호기심과 능력에 따라 영어의 표준이 되는 글감들로 구성되고 다양한 영역에 걸쳐 읽기 활동을 제공하는 글을 일컫습니다.

이 책은 미국 초등학교 교과서의 내용들을 토대로 사회, 과학, 역사의 교과 과정으로 구성되어 있습니다. 물론 이 책으로 공부하는 우리나라 초등 학생들의 언어 학습 환경을 고려하여 듣기와 읽기를 통해 언어 이해 능력을 키우며 또한 말하기와 쓰기를 통해 언어를 제대로 표현할 수 있게 구성되어 있습니다. 한 가지 영역만 잘하는 절름발이 영어가 아니라 영어의 듣고 읽고 말하고 쓰는 4가지 영역이 균형있게 발달할 수 있도록 저희 연구진의 노력을 담아 내었습니다.

더 이상 지식을 위한 영어가 아니라 재미있고 효과적인 영어공부를 통해 대한민국의 모든 초등학생들의 영어 실력이 한층 발전할 수 있기를 기원합니다.

미국 초등학교 교과서로 배우는
English
Running
Basic
JUMP 1

English Running Jump 1 [Basic]

저 자 D.E.A.R.연구소(Developing English Ability and Research)
발행인 고본화
발 행 반석출판사
2011년 10월 15일 초판 2쇄 인쇄 · 발행
반석출판사 | **www.bansok.co.kr**
이메일 | **bansok@bansok.co.kr**

157-779 서울시 강서구 염창동 240-21 우림블루나인 비즈니스센터 B동 904호
대표전화 02) 2093-3399 **팩 스** 02) 2093-3393
출 판 부 02) 2093-3395 **영업부** 02) 2093-3396
등록번호 제 315-2008-000033호

Copyright ⓒ D.E.A.R.

ISBN 978-89-7172-541-2 (13740)

값 12,000원

미국 초등학교 교과서로 배우는
English
Running
Basic
JUMP 1

Grammar	Writing	Speaking	Act it out
make It made people safe.	Unscramble the sentence. (4 questions)	Talk about Garrett Morgan with your friends.	Complete the poem.
Singular / Plural jeans	Unscramble the sentence. (4 questions)	Talk about jeans with your friends.	Do a survey.
conjunction They didn't have the vote rights because they were black.	Unscramble the sentence. (4 questions)	Talk about Martin Luther King with your friends.	Make a biography.
Personal pronouns They are your cousins.	Unscramble the sentence. (4 questions)	Talk about family members with your friends.	Draw your family tree.
Phrasal verbs They put out a fire.	Unscramble the sentence. (4 questions)	Talk about firefighters with your friends.	Read aloud the fire prevention.
Negative sentences I don't read a book.	Unscramble the sentence. (4 questions)	Talk about the school with your friends.	Write your school rules.
Verb(be, have) Ants are insects. They have six strong legs.	Unscramble the sentence. (4 questions)	Talk about the ants with your friends.	Crossword puzzle
The noun group Subject Object Complement	Unscramble the sentence. (4 questions)	Talk about the earth with your friends.	Make a jigsaw puzzle.
Main Verbs Most paper comes from trees.	Unscramble the sentence. (4 questions)	Tell about things made of paper.	Choose things made of paper.

단계별 교재구성

교재	초급	중급	고급
	English Running JUMP 1 (Basic)	English Running JUMP 2 (Intermediate)	English Running JUMP 3 (Advanced)
단 계	Basic	Intermediate	Advanced
대 상	초등 1–2학년	초등 3–4학년	초등5학년–예비중학생
내용 — Listening	• Listen one sentence. • Write missing words.	• Listen one paragraph. • Write missing words.	• Listen to the dialogue. • Multiple-choice questions
내용 — Reading	• Passages of about 100 words	• Passages of about 200 words	• Passages of about 300 words
내용 — Writing	• Unscramble the sentence.	• Writing cloze • Answer the question.	• Short essay
내용 — Speaking	• Talk about the questions.	• Talk about the questions. • Make questions. • Complete the conversation.	• Complete the word web. • Complete the brainstorming web. • Short essay
부속 교재	각 권 CD, 해설		

*mp3 파일은 출판사 홈페이지(www.bansok.co.kr)의 자료실에서 다운 받으실 수 있습니다.

학습 계획표

	Day 1	Day 2	Day 3	DAY 4
Week 1 Unit 1	Vocabulary Listening	Reading Grammar	Writing Speaking	Review Act it Out
Check	✓			
Week 2 Unit 2	Vocabulary Listening	Reading Grammar	Writing Speaking	Review Act it Out
Check				
Week 3 Unit 3	Vocabulary Listening	Reading Grammar	Writing Speaking	Review Act it Out
Check				
Week 4 Unit 4	Vocabulary Listening	Reading Grammar	Writing Speaking	Review Act it Out
Check				
Week 5 Unit 5	Vocabulary Listening	Reading Grammar	Writing Speaking	Review Act it Out
Check				
Week 6 Unit 6	Vocabulary Listening	Reading Grammar	Writing Speaking	Review Act it Out
Check				
Week 7 Unit 7	Vocabulary Listening	Reading Grammar	Writing Speaking	Review Act it Out
Check				
Week 8 Unit 8	Vocabulary Listening	Reading Grammar	Writing Speaking	Review Act it Out
Check				
Week 9 Unit 9	Vocabulary Listening	Reading Grammar	Writing Speaking	Review Act it Out
Check				

UNIT 1 Garrett Morgan

The **streets** are **busy**.
He is a **businessman**.
He invented a **traffic signal**.
He **solved** the **traffic problems**.
Gas masks keep **firefighters safe**.

Vocabulary

1. street

2. busy

3. businessman

4. traffic signal

5. solve

6. problem

7. firefighter

8. safe

Listening Track 01

Listen and write the missing word.

1 There were many ________________ on the streets.

  ① traffic problems
  ② cars
  ③ traffic signals

2 He tried to ________________ the problem.

  ① make
  ② solve
  ③ share

3 He saw a ________________ hit a horse on a busy street.

  ① bus
  ② bike
  ③ car

4 A traffic signal was one of his ________________.

  ① treasures
  ② inventions
  ③ works

5 He made a gas mask for ________________.

  ① police officers
  ② firefighters
  ③ drivers

The Black Inventor, Garrett Morgan

Have you ever read about Garrett Morgan? Garrett Morgan was born in 1877. He was a black inventor and a businessman. A traffic signal was one of his inventions. Before he invented it, the streets were not safe. One day, he saw a car hit a horse on a busy street. So he thought about how to solve traffic problems and he had an answer. The Morgan's traffic signal could stop all traffic. Then it made people safe. Morgan also made a gas mask for firefighters. It helped keep them safe. Thanks to his inventions, people are safer than ever.

Read each sentence and choose the best answer.

1 Garrett Morgan was a black ________________.

   ① driver

   ② inventor

   ③ firefighter

2 Morgan's traffic signal made people ________________.

   ① safe

   ② happy

   ③ dangerous

3 Garrett Morgan also made a ________________.

   ① gas bag

   ② gad burner

   ③ gas mask

Grammar

Make (= produce / create)

- make _ I make breakfast. / I make coffee.
- make a ~ _ They make a noise. / I make an appointment.
- It makes me (feel) ~ _ It made people safe. / It makes me feel happy.

Fill the blank. Use 'make', or 'made'.

1 Morgan's traffic signals ________________ people safe.

2 I ________________ some tea for my friends yesterday.

3 Please ________________ your bed.

4 I'm sorry, I ________________ a mistake.

5 I wonder how to ________________ a cake.

Writing

Unscramble the sentence.

1 (inventor. / a / was / He / black)

He was a black inventor.

2 (stop / The traffic signal / could / all traffic.)

3 (safe. / made / The traffic signal / people)

4 (gas mask. / invented / a / He)

Speaking 🔊 Track 03

Talk about Garrett Morgan with your friends.

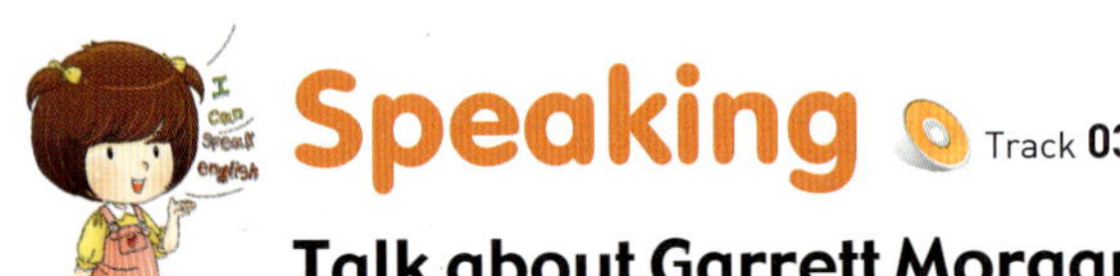

1 Do you know who this man is?

2 Who invented this traffic signal?

3 Why did he make a traffic signal?

4 Was a gas mask his invention?

5 Were the traffic signals useful?

Draw a circle around YES if the sentence is written correctly.
Draw a circle around No if the sentence is not written correctly.

1   A traffic signal could solve the traffic problems.   YES   NO

2   Garrett Morgan was a scientist.   YES   NO

3   The Morgan's traffic signal could stop all traffic.   YES   NO

4   He made a gas mask for police officers.   YES   NO

5   His inventions made people safe.   YES   NO

Act it Out

Read and complete the poem about the traffic light.

The Traffic Light

A traffic light is here.

A traffic light is ______________.

Traffic lights are everywhere.

The green light says "______________!"

The red light says "______________!"

It makes us safe.

재미있는 발명품들

감기가 걸리면 목도 아프고 가래도 끓고 콧물도 줄줄 나지요. 콧물이 많이 날 땐 휴지를 달고 살아야 할 정도로 심하지요. 가방에서 꺼내고 다시 집어넣고 하는 게 귀찮을 만큼 말이죠. 아래 그림은 일본 사람이 만든 기발한 발명품입니다. 이렇게 하면 휴지를 꺼냈다 넣었다 하는 귀찮음도 없고 갑자기 나온 콧물에 당황할 일도 없겠지요. 하지만 미관상 실제로 사용하기는 어려울 것 같네요.

망치야, 병따개야?

망치와 병따개가 하나로 합쳐졌네요. 이런 재미있는 아이디어가 실용화 된다면 어떨까요? 병따개를 따로 찾을 필요 없이 커다란 망치가 어디 있는지만 알면 되는 거겠죠. 이건 실생활에 사용해도 좋을 듯 하네요.

UNIT 2 Jeans

Gold Rush

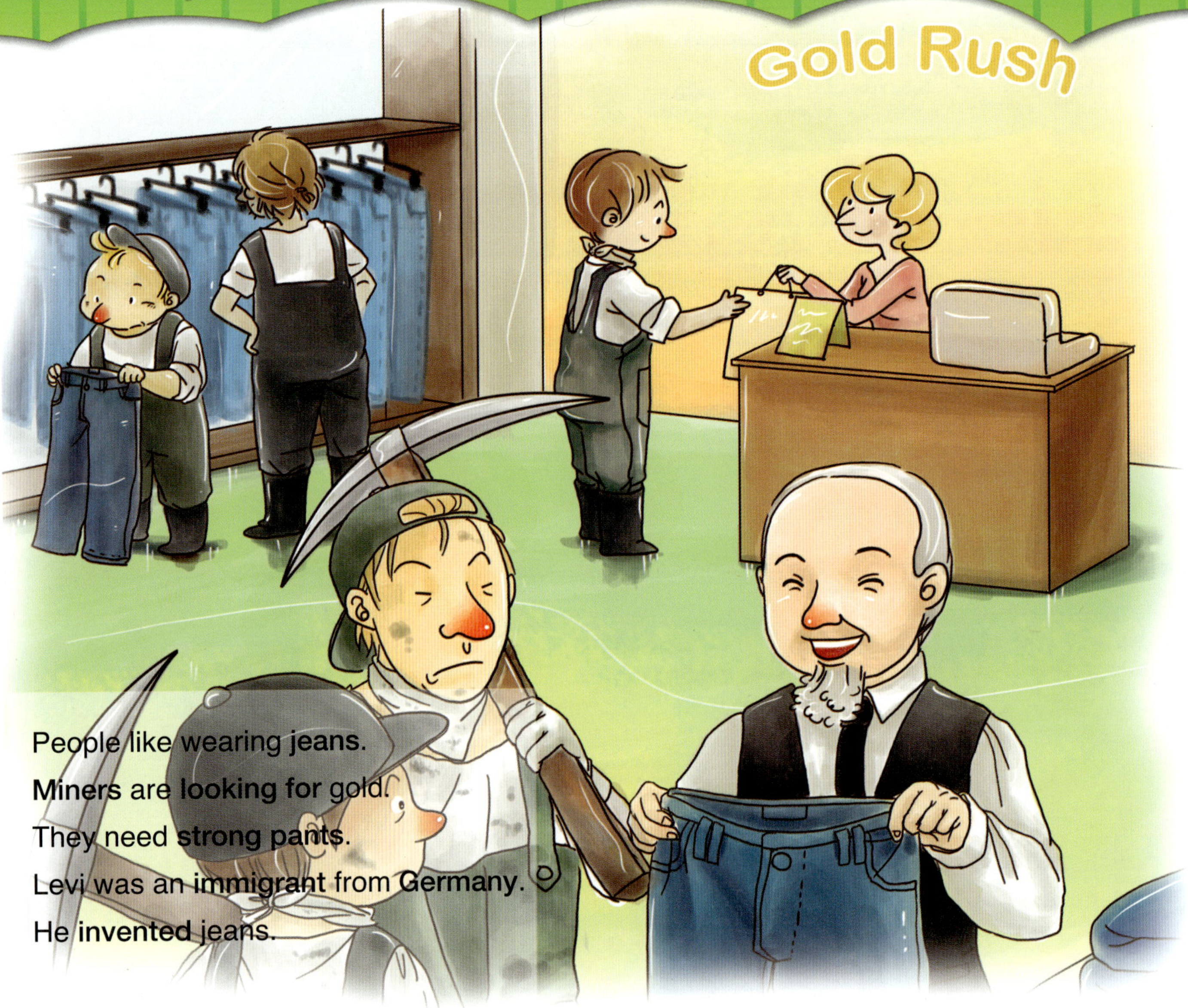

People like wearing **jeans**.

Miners are **looking for** gold.

They need **strong pants**.

Levi was an **immigrant** from **Germany**.

He **invented** jeans.

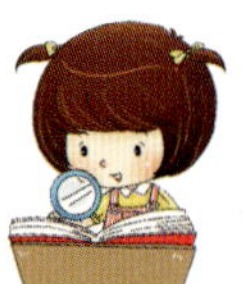

Vocabulary

1. jeans ....
2. miner ....
3. look for ....
4. strong ....
5. pants ....
6. immigrant ....
7. Germany ....
8. invent ....

Listening 🔘 Track **04**

Listen and write the missing word.

1 People _________________ jeans.
① wear
② carry
③ sell

2 Levi _______________ jeans.
① made
② invented
③ sold

3 Levi came to the _______________ as an immigrant.
① Germany
② United Kingdom
③ United States

4 The miners had a problem with their _______________.
① tents
② pants
③ shoes

5 Levi became a successful _______________.
① miner
② designer
③ businessman

Who Invented Jeans?

Do you like wearing blue jeans? You probably do. Jeans are so common that people of all ages around the world wear them. But do you know who invented them?

Jeans were invented by Levi Strauss. He was a German. In 1847, he came to the United States as an immigrant. Many people moved to California to find gold during the Gold Rush. Levi went to San Francisco, too. But he didn't want to look for gold. He thought it is a great time to be a salesman. When he arrived, the miners had a problem with their pants. They needed very strong pants. That's why he started making tough denim pants. The miners liked the pants and they quickly became popular.

Finally he became a successful businessman.

Read each sentence and choose the best answer.

1 People of all ages wear ________________.

① pants
② jeans
③ shorts

2 Many people moved to California to find ________________.

① diamond
② treasure
③ gold

3 Levi wanted to be a ________________.

① salesman
② teacher
③ miner

Grammar

Singular / Plural

- Singular _ I have a book. / I have an umbrella. / I have a dress.

- Plural _ I have 2 books. / I have 2 umbrellas. / I have 2 dresses.

- Plural Nouns _ jeans, pants, shoes, mittens, gloves, glasses

---

Write the plural nouns.

1 There is _____a book_____ on the desk.

   There are many _____________ on the desk.

2 My mother has _____a sister_____.

   My father has two _____________.

3 He has _____a balloon_____.

   And she has three _____________.

4 This is _____a box_____.

   These are _____________.

5 Where are my _____________?

   Where are my _____________?

Writing

Unscramble the sentence.

1　has / an / He / umbrella.

He has an umbrella.

2　mittens. / are / There

3　invented / He / jeans.

4　many / has / dresses. / She

Speaking Track 06

Talk about jeans with your friends.

1 What is the boy wearing in the picture?

....

2 Who invented jeans?

....

3 Do you like wearing jeans?

Yes, ...

Why do you like wearing jeans? *(comfortable)*

Because ....

4 Do you like wearing jeans?

No, I ....

Why don't you like wearing jeans? *(tight)*

Because ....

5 How many jeans do you have?

....

Draw a circle around YES if the sentence is written correctly.
Draw a circle around No if the sentence is not written correctly.

1   Levi's brothers invented jeans.   YES   NO

2   Levi wanted to be a salesman.   YES   NO

3   Levi Strauss came to Germany in 1847.   YES   NO

4   Miners always needed new tents.   YES   NO

5   Levi became a rich man.   YES   NO

Act it Out

Do a survey.

<u>Questionnaire</u>

Do you have jeans?

How many jeans do you have?

number of jeans					
6					
5					
4					
3					
2					
1					
	I				

name

How Jeans Became Popular

1930년대를 시작으로 청바지의 인기는 생긴 이래로 해를 거듭하며 더해 왔습니다. 1930년대 미국 영화사에서 흥행을 했던 서부 영화에서 카우보이들이 즐겨 입었던 바지가 바로 청바지였습니다. 거칠면서도 남성미가 물씬 풍기는 카우보이들을 따라하려는 젊은 층들이 많이 생겨나면서 청바지의 인기가 높아갔습니다.

1950년대 영화배우 제임스 딘의 등장으로 청바지에 대한 인기는 하늘을 찔렀습니다. 시대의 반항아의 이미지를 가지고 있던 제임스 딘이 즐겨 입었던 청바지는 이후 젊은이들의 상징이 되 버렸습니다.

이후 1960년대 히피가 생겨나면서 청바지 또한 새로운 이미지로 탄생합니다. 히피족들이 즐겨 입었던 바지 역시 청바지였던 것이지요. 야외 생활을 많이 했던 그들에게 편리함과 더불어 자신들만의 히피 스타일을 만들어 줄 수 있었기 때문입니다.

그 이후 청바지는 젊은 층 뿐만이 아니라 모든 연령대에서 사랑을 받게 되었습니다. 실용적이고 편안할 뿐만 아니라 디자인적인 요소까지 가미된 청바지들이 1980년대 이후 등장하면서 지금까지 그 유명세를 이어 오고 있습니다.

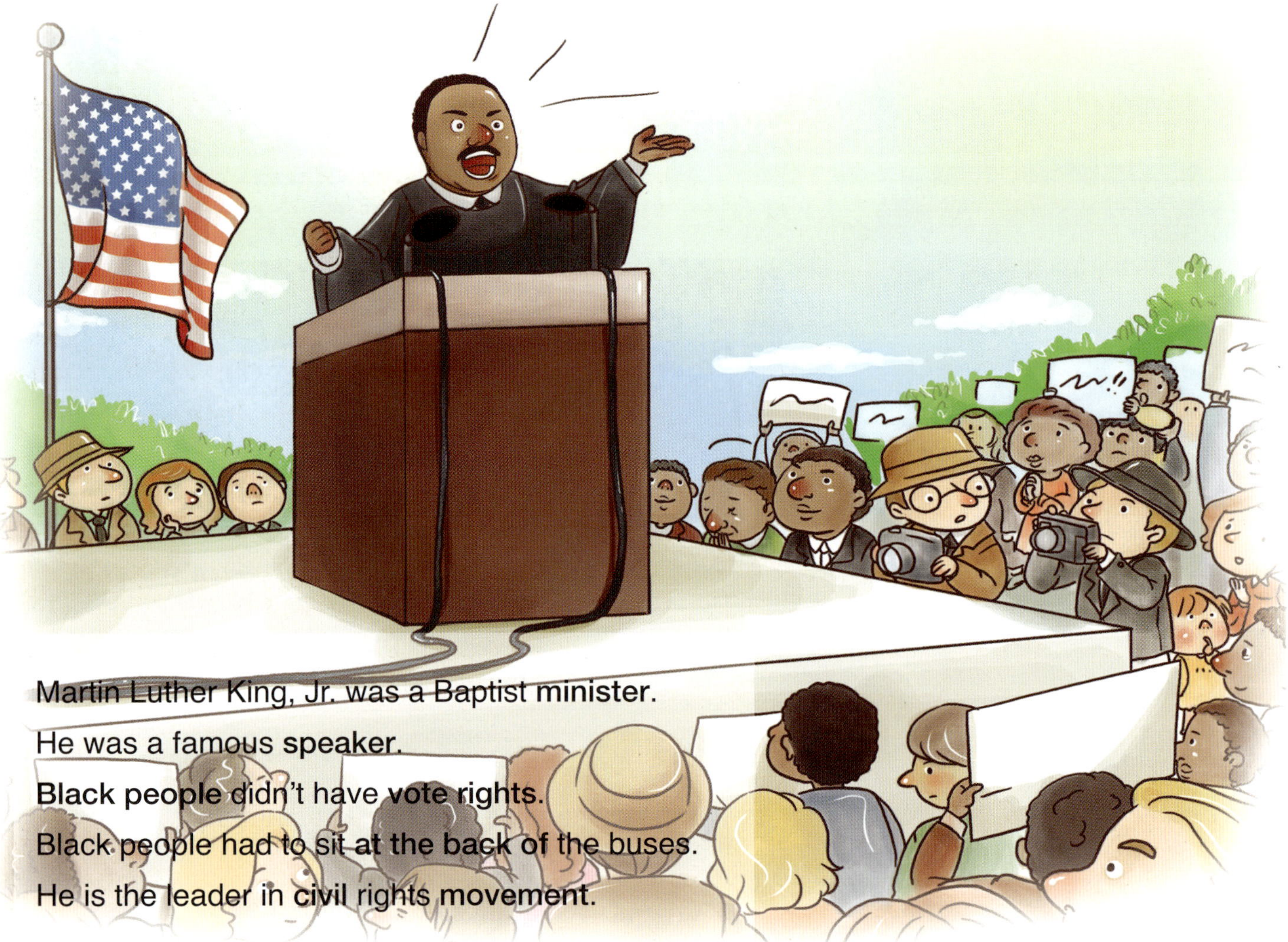

Martin Luther King, Jr. was a Baptist **minister**.

He was a famous **speaker**.

Black people didn't have **vote rights**.

Black people had to sit **at the back of** the buses.

He is the leader in **civil rights movement**.

Vocabulary

1. minister	5. right
2. speaker	6. at the back of
3. black people	7. civil
4. vote	8. movement

Listen and write the missing word.

1 Martin Luther King was an important _________________ in civil rights movement.

① minister
② leader
③ speaker

2 _________________ had to sit at the back of the buses.

① Black people
② Students
③ White people

3 He is famous for his _________________.

① efforts
② speech
③ works

4 Unfortunately, he was killed _________________.

① in 1964
② in 1968
③ in 1986

5 He received the Nobel Peace Prize for his _________________.

① works
② speech
③ efforts

Dr. Martin Luther King, Jr.

Dr. Martin Luther King, Jr. was born in 1929. Dr. King was a black Baptist minister. He was an important leader in the American civil rights movement. At that time, black people had to sit at the back of public buses. They didn't even have the right to vote because they were black. Dr. King thought it was unfair. He demanded that black people have the same rights as white people. And he was also one of the greatest speakers in U.S. history. His famous speech was 'I have a dream.' In 1964, he was awarded the Nobel Peace Prize for his efforts. Unfortunately he was shot and killed in 1968. But today, many people around the world still remember him and his birthday has been a national holiday in the United States since 1986.

Read each sentence and choose the best answer.

1 Black people had to sit _______________ the buses.

① in the front of
② at the back of
③ in the middle of

2 Martin Luther King, Jr. was one of the greatest _______________ in U.S. history.

① speakers
② ministers
③ leaders

3 He received the _______________ in 1964.

① Nobel Prize in Literature
② Nobel Prize in Physics
③ Nobel Peace Prize

Grammar

Conjunction

- because _ They didn't have the vote rights because they were black.

- since _ I have played the piano since I was 6 years old.

Circle the correct word.

1 I am very tired (because / since) I didn't sleep well last night.

2 She can't watch TV (because / since) her TV is broken.

3 He has lived here (because / since) he was a little boy.

4 They have respected Martin Luther King, Jr. (because / since) they read about him.

5 He wears glasses (because / since) his eyes are bad.

Writing

Unscramble the sentence.

1 (is / He / Martin Luther King, Jr.

He is Martin Luther King, Jr.

2 (a / speaker. / He / great / was

3 (was / for / He / famous / his / speech.

4 (the / He/ Nobel Peace Prize. / received

Speaking Track 09

Talk about Martin Luther King with your friends.

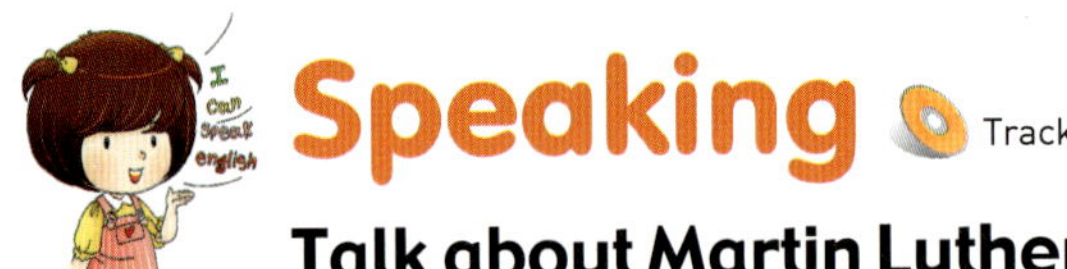

1   Do you know who this man is?

....

2   Was he a great speaker?

....

3   What was his famous speech?

....

4   Why was he a leader in civil rights movement?

....

5   Did he receive the Nobel Peace Prize?

....

Draw a circle around YES if the sentence is written correctly.
Draw a circle around No if the sentence is not written correctly.

1   Dr. King was born in 1968.   YES   NO

2   Dr. King was a teacher.   YES   NO

3   Before Dr. King was born, black people didn't have the rights to vote.   YES   NO

4   Dr. King was shot and killed.   YES   NO

5   Martin Luther King, Jr. Day is a national holiday in the United Kingdom.   YES   NO

Act it Out

Make a biography.

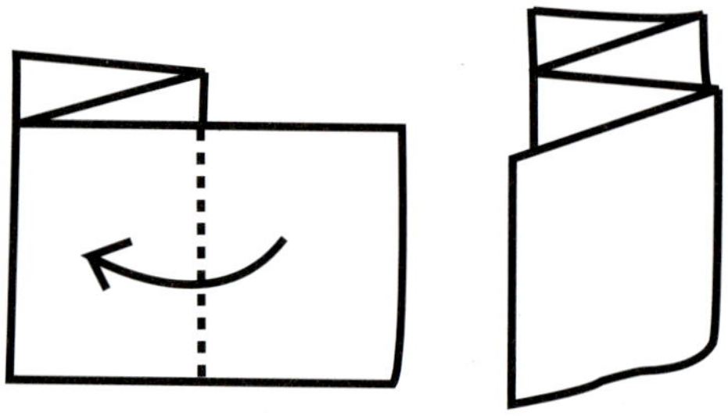

1. Place the paper horizontally.

2. Fold the paper in half.

3. Fold the paper accordion style into equal parts.

4. Write the title on the front cover.

5. Write the sentence about Martin Luther King, Jr.

세계의 유명한 흑인들

전 세계 역사상 유명한 흑인들이 많이 있었습니다. 아프리카에 살았던 그들의 선조들이 겪었던 비참함과 불행을 딛고 세계에 꿋꿋이 선 흑인 리더들을 누구일까요?

■ 넬슨 만델라

남아프리카공화국 출신의 흑인 인권운동가로서, 흑백차별주의 철폐에 공헌하였습니다. 1980년대 초반까지 남아프리카공화국 에서는 백인을 우대하고 흑인을 차별하는 정책으로 물의를 일으키기도 했습니다. 이러한 사회적 상황에서 만델라는 흑백차별주의 정책의 폐지를 주도하였고 이 때문에 1964년 국가반역죄로 종신형을 선고받고 감옥에 가게 됩니다. 전 세계적인 만델라 석방 운동으로 1990년대에 석방되고 난 후 남아프리카공화국 최초의 흑인 대통령이 됩니다. 그의 평등주의 정신은 인권 운동에 영향을 미쳐 1993년에 노벨평화상을 받게 됩니다.

■ 루이 암스트롱

미국의 흑인음악인 재즈를 대표하는 음악인으로 흑인이라는 장벽을 딛고 백인들의 전유물이었던 미국의 엔터테인먼트 산업에서 최초의 스타로 인정받았습니다. 그는 가난한 흑인 빈민가에서 태어나, 어린 시절 소년원에 수감되기도 했지만 각고의 노력과 그의 타고난 음악성으로 모든 미국인들이 사랑하는 대 스타가 되었습니다. 그의 성공은 미국이 모든 사람들에게 평등한 기회를 부여하는 선진국이라는 인상을 심어 주었고 실제로 흑인들도 재능이 있다면 얼마든지 성공된 삶을 살 수 있게 되었습니다.

■ 버락 오바마

1961년 8월 미국 하와이에서 태어난 오바마는 어머니의 이혼과 재혼으로 할머니의 손에서 자랐습니다. 고교 시절 한동안 피부색에 대한 고민으로 방황도 하였으나 아이비리그 소속의 컬럼비아 대학에 들어가면서 모든 고민의 종지부를 찍고 공부에 전념합니다. 그 후 오바마는 하버드 대학의 법대에 입학하고 이듬해 시카고의 작은 법률 회사에서 인턴으로 일하다 아내 미셸을 만나 결혼합니다. 법대 시절 권위 있는 법률 학술지 'Havard Law Review'의 편집장으로 뽑힘으로 하버드대 최초의 흑인 편집장이 되었습니다. 졸업 후에는 주로 흑인들의 인권 향상과 주거 환경 개선에 힘을 쏟는 한편 법대에서 학생들을 가르치기도 합니다. 96년 일리노이 주 상원의원에 당선되고 대통령 도전의 발판을 마련합니다. 2008년 버락 오바마는 미국 역사상 최초의 흑인 대통령으로 당선되었습니다.

UNIT 4 A Family Tree

This is a family tree.

My father and mother are my parents.

I have grandparents.

My cousin is a child of my uncle.

Listening 🔵 Track **10**

Listen and write the missing word.

1 ________________ shows a family relationship.

① A family tree
② A family house
③ A tree house

2 Your mother and father are your ________________.

① grandparents
② parents
③ cousins

3 ________________ are the sisters of your mother.

① Aunts
② Uncles
③ Parents

4 ________________ are the brothers of your parents.

① Nephews
② Aunts
③ Uncles

5 Children of your uncle are your ________________.

① daughters
② sons
③ cousins

Reading Track **11**

A Family Tree

What is a family tree? It is a diagram. It shows all the family members. The family members are parents and children including grandparents, uncles, aunts and cousins. They are called relatives. Your mother and father are your parents. And your grandparents are parents of your parents. If your parents have brothers, you call them uncles. If your parents have sisters, they are called your aunts. If your aunts and uncles have children, they are your cousins. As you can see, the family tree also shows the relationship between you and your relatives.

Read each sentence and choose the best answer.

1 _______________ is a chart of family relationship.

① A tree house

② A family tree

③ The family members

2 Parents of your parents are your _______________.

① grandparents

② cousins

③ uncles

3 If your father has a brother, he is your _______________.

① aunt

② cousin

③ uncle

Grammar

Personal pronouns

subject pronouns	I	we	you	he	she	they
object pronouns	me	us	you	him	her	them

<u>They</u> are your cousins.
_{subject}

I love <u>them</u>.
_{object}

Choose the correct word in the box.

she   them   him   he   her   they

1 ________________ is my grandfather. I visit ________________ every weekend.

2 ________________ is my mother. I give ________________ a big hug.

3 ________________ are my cousins. I like ________________ very much.

us   he   her   we

4 This is my father. ________ has a sister. I call ________ "Aunt Annie".

5 ________ have many books. My mother reads ________ a book every night.

Writing

Unscramble the sentence.

1 (is / tree. / This / a / family)

This is a family tree.

2 (They / my / grandparents. / are)

3 (a newspaper. / My / reads / father)

4 (mother / the / My / house. / cleans)

Speaking Track **12**

Talk about family members with your friends.

1 Who is he?

....

2 Who are they?

....

3 Who is this boy?

....

4 How many sisters do you have?

....

5 How many people are there in your family?

....

Draw a circle around YES if the sentence is written correctly.
Draw a circle around No if the sentence is not written correctly.

1. A family tree is a pine tree.   YES   NO

2. A family tree shows all the family members.   YES   NO

3. My mother has a brother. He is my aunt.   YES   NO

4. My uncle has a daughter. She is my cousin.   YES   NO

5. A brother of my father is my uncle.   YES   NO

Act it Out

Draw your family tree. Then write about it.

새로운 가족

이런 경우 가족의 관계는 어떻게 될까요? 또 무엇이라고 불릴까요?

엄마 아빠가 이혼을 하고 둘 중 한 사람이 배우자를 만나 다시 결혼을 했어요. 새아빠나 새엄마에게 자식이 있다면 그들과 나와의 관계는 어떻게 될까요? 또 뭐라고 불러야 하나요?

새 아빠는 영어로 stepfather, 새엄마는 stepmother라고 불러요. 새 아빠나 새엄마의 자녀들은 stepsister, stepbrother가 됩니다. 새엄마나 새 아빠와의 사이에서 생긴 자녀는 half-brother, half-sister가 됩니다.

이러한 가족관계는 우리나라에선 흔히 볼 수 없는 가족 형태지만 미국이나 영국 등 다른 나라에서는 쉽게 찾아 볼 수 있습니다. 만약 외국 친구가 "This is my sister. She is my half-sister."라고 하면 그 친구의 가족 관계를 짐작할 수 있겠죠.

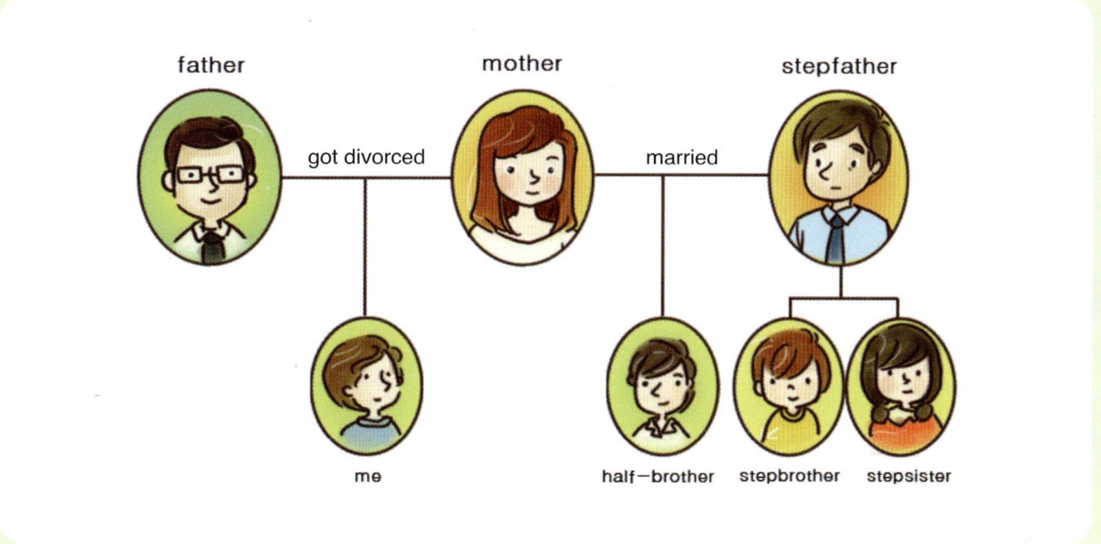

UNIT 5 Firefighters

The **fire alarm** rings in the **fire department**.
A **firefighter** puts on a **helmet**.
They get on a red **fire engine**.
They put out a fire with a **hose**.

Vocabulary

1. fire alarm

2. fire department

3. firefighter

4. helmet

5. fire engine

6. hose

Listening 🔵 Track **13**

Listen and write the missing word.

1 Firefighters put out the fire with a _______________.

① hose
② blanket
③ busket

2 A firefighter slides down the _______________.

① pole
② rope
③ stair

3 A firefighter gets on the _______________.

① fire engine
② bus
③ train

4 Firefighters _______________ people who need help.

① save
② rescue
③ release

5 Firefighters _______________ people fire prevention.

① instruct
② inform
③ teach

Firefighters!

The fire alarm rings in the fire department. People slide down the pole. They are firefighters. They put on uniforms and helmets. They get on the fire engines. Most boys like the red fire engine. But their job is very hard. First of all, they put out the fire with a hose. They also rescue people who are still inside the burning building. They even save lives like doctors. They give first aid to the injured. They teach people fire prevention, too. They are important helpers in our community.

Read each sentence and choose the best answer.

1 The fire alarm rings in the ________________.

   ① fire department

   ② police station

   ③ department store

2 Firefighters put on uniforms and ________________.

   ① hats

   ② helmets

   ③ caps

3 Firefighters ________________ the fire with a hose.

   ① put on

   ② put off

   ③ put out

Grammar

> **Phrasal verb**
>
> - get on _ I get on a bus.
> - put on _ A boy puts on a coat.
> - put out _ They put out a fire with a hose.

Circle the correct words.

1 He (puts on / takes off) a helmet.

2 A firefighter (gets on / gets off) the fire engine.

3 They (put off / put out) a fire.

Unscramble the sentence.

1 (a / He / firefighter. / is)

He is a firefighter.

2 (on / fire engine. / A man / gets / the)

3 (puts / on / helmet. / firefighter / A / a)

4 (put / the / with / They / out / hose. / a / fire)

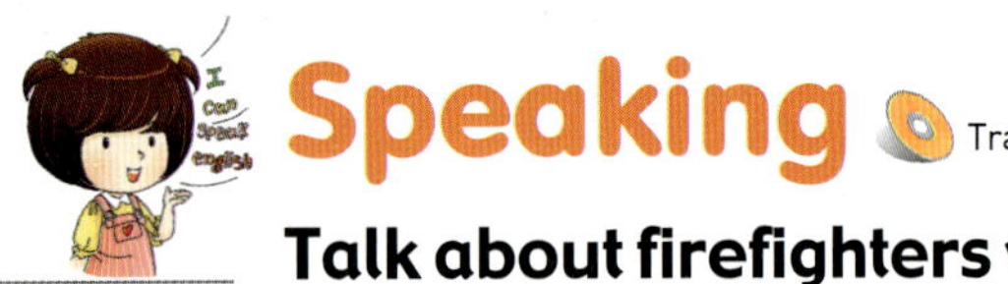

Speaking Track **15**

Talk about firefighters with your friends.

1 Are firefighters our community helpers?

....

2 What is it?

....

3 Is this a cap?

....

4 Is this a police station?

....

5 What are they doing?

....

Draw a circle around YES if the sentence is written correctly.
Draw a circle around No if the sentence is not written correctly.

1   A firefighter helps kids learn in school.   YES   NO

2   A firefighter slides down the pole.   YES   NO

3   A firefighter helps put out the fire.   YES   NO

4   Most boys don't like the red fire engine.   YES   NO

5   A firefighter is a helper in our neighborhood.   YES   NO

Read aloud the fire prevention.

FIRE PREVENTION

1. Never put anything over the lamp.

2. Never touch matches and candles.

3. Do not cook without parents in the kitchen.

4. Don't play with electrical cords.

5. Turn off the light and TV when you are out of the house.

세계에서 가장 위험한 직업들

가장 위험한 직업은 무엇일까요? 소방관이나 경찰들이라구요. 그럼 이런 직업은 어떨까요? 우리 주변에서 흔히 볼 수 있는 직업들입니다.

외발 자전거를 탄채 날카로운 갈고리 사이를 누비고 있는 오른쪽 그림의 사람이 보이세요? 정육점으로 가기 전 고기들을 저장 창고에 보관하고 있는 모습입니다. 아차실수라도 하면 생명이 위태로울 수도 있겠죠?

왼쪽 그림은 지붕을 고치고 있는 사람의 모습입니다. 이런 직업의 경우 약간의 균형만 잃어도 높은 지붕 위에서 아래로 추락할 위험이 높습니다. 실제로 여러 직업의 경우 두 번째로 많이 발생하는 위험의 원인이 추락사라고 합니다.

Every school has some **rules**.

Students have to **follow** the rules.

Never **hurt** friends.

Do not run in the **halls**.

Keep the classroom **clean**.

Vocabulary

1. rule		4. hall	
2. follow		5. keep	
3. hurt		6. clean	

Listen and write the missing word.

1 All children usually go to ________________.

① church
② school
③ work

2 All students have to ________________ the school rules.

① keep
② follow
③ obey

3 Listen carefully to the ________________.

① parents
② music
③ teacher

4 Do not ________________ in the halls.

① jump
② run
③ walk

5 It is important to ________________ the rules.

① keep
② follow
③ obey

Reading 🔘 Track **17**

School Rules

Every school has its own rules. All students have to keep the school rules. Here are some examples of rules.

- ◾ Come to school on time.

- ◾ Listen carefully to the teacher.

- ◾ Do not run in the halls.

- ◾ Keep your classroom clean.

- ◾ Never ever hurt someone else.

These rules are very important because something might happen if you do not follow the rules.

Read each sentence and choose the best answer.

1 All _______________ have to keep the school rules.

① parents

② teachers

③ students

2 Come to school _______________.

① in time

② on time

③ for time

3 Keep _______________ clean.

① your room

② your schoolbag

③ your classroom

Grammar

Simple present negative (Sentences with 'not')

Positive	I read a book.	He reads a book.
Negative	I don't read a book.	He doesn't read a book.

Write the negative sentence.

1 They keep the classroom clean.

They _________________ keep the classroom clean.

2 He listens to the teacher.

He _________________ listen to the teacher.

3 She goes to school on time.

She _________________ go to school on time.

Writing

Unscramble the sentence.

1 (some / at / are / rules / There / school.)

There are some rules at school.

2 (clean. / the classroom / Keep)

3 (run / the / Do / not / halls. / in)

4 (are / important. / The rules / very)

Speaking Track 18

Talk about the school with your friends.

1 Look at the picture. Is it a school?

....

2 This is a classroom. What do you see?

....

3 What is it?

....

4 What is your favorite subject at school?

....

5 Tell me one of your school rules.

....

Draw a circle around YES if the sentence is written correctly.
Draw a circle around No if the sentence is not written correctly.

1   There are some rules at school.   YES   NO

2   All teachers must obey the school rules.   YES   NO

3   Run in the halls.   YES   NO

4   All kids should come to school on time.   YES   NO

5   All kids should keep the classroom clean.   YES   NO

 **Act it Out**

Write your school rules.

My school rules

초창기의 미국 학교들

아주 오래 전 미국의 초창기 학교들은 작고 가난했다. 교실도 하나뿐이어서 모든 연령의 아이들이 한 교실에서 한 분의 선생님과 함께 수업을 했다. 이러한 형태의 학교들은 대부분 마을 교회에 소속되어 있었다. 그래서 어떤 부모들은 자신의 아이들을 교회 소속이 아닌 사립학교에 보내기도 했다.

이때의 학교는 의무교육이 아니어서 수강료를 지불해야 했는데 이 때문에 부유한 사람들은 자신의 아이들을 학교에 보내지 않고 집에서 개인 교사를 불러 공부를 시켰다.

또한 여자 아이들에게는 학교 출입이 그렇게 관대하지 못했다. 이 때문에 여자 아이들은 학교를 가지 못하거나 가더라도 아주 짧은 기간만 다니고 중도에 그만두어야 했다.

초창기 학교의 선생님들은 교사 교육을 받은 사람들이 아니고 품행이 바르고 성적이 좋은 학생이 장차 커서 선생님이 되는 확률이 매우 높았다. 여자 아이들이 학교를 다니는 일이 드물었기 때문에 그 당시 학교 선생님들은 대부분이 남자였다. 오늘날 여자 선생님들이 남자 선생님들보다 훨씬 많은 것과는 매우 대조적인 현상이었다.

UNIT 7 Ants

Ants have three body **parts**.

They are **head**, **thorax** and **abdomen**.

Ants have eyes and **antennae**.

They use **jaws** for cutting food.

Ants have six **legs**.

They have a sharp **sting**.

Vocabulary

1. part

2. head

3. thorax

4. abdomen

5. antenna

6. jaw

7. leg

8. sting

Listening Track 19

Listen and write the missing word.

1 Ants have 3 body parts ; ________________, thorax and abdomen.

① eyes
② head
③ legs

2 An ant uses its ________________ to see.

① eyes
② thorax
③ head

3 An ant has six ________________ to run, climb and dig with.

① antennae
② heads
③ legs

4 An ant uses its sharp ________________ to cut, bite, and carry.

① eyes
② jaws
③ thorax

5 An ant uses its two ________________ to touch, taste and smell.

① legs
② antennae
③ eyes

Ants

Ants are insects. They have three body parts. They also have six strong legs. Ants can be different colors. They can be black, brown, red, yellow or green. Ants have two antennae on their heads. They use them to touch and smell. Some ants have large, strong jaws. They use them to cut, bite, dig and carry.

Read each sentence and choose the best answer.

1 Ants are _______________.

① animals
② insects
③ plants

2 How many legs do ants have?

① four
② five
③ six

3 What do ants use for cutting food?

① antennas
② jaws
③ eyes

Grammar

to be

I	am
you, we, they	are
she, he, it	is

to have

I, you, we, they	have
she, he, it	has

Ants are insects.
They have six strong legs.

Choose the correct word in the box.

are

has

is

am

have

1 I _________ a boy.

I _________ a book.

2 We _________ friends.

We _________ bikes.

3 She _________ my teacher.

She_________ a dog.

4 Butterflies _________ insects.

They _________ four wings.

5 Dogs _________ animals.

They _________ four legs and a tail.

Writing

Unscramble the sentence.

1 are / Ants / insects.

Ants are insects.

2 have / three / Ants / body / parts.

3 two / Ants / antennae. / have

4 Ants / jaws. / strong / have

Speaking Track 21

Talk about the ants with your friends.

1 What are they?

....

2 Are they animals?

....

3 What color are ants?

....

4 How many antennae do ants have?

....

5 What do ants do with their jaws?

....

Draw a circle around YES if the sentence is written correctly.
Draw a circle around No if the sentence is not written correctly.

1   Ants are mammals.   YES   NO

2   Ants have three body parts.   YES   NO

3   Ants are red, yellow or black.   YES   NO

4   Ants use their antennae to cut food.   YES   NO

5   Ants have six strong legs.   YES   NO

Act it Out

Find and write the correct word.

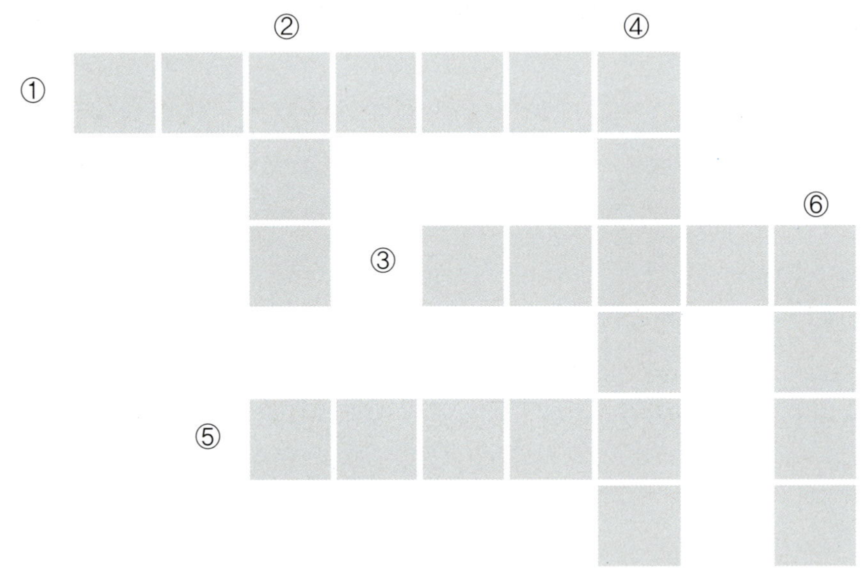

<table>
<tr><td>brown</td><td>three</td><td>strong</td></tr>
<tr><td>insects</td><td>eggs</td><td>six</td></tr>
</table>

Down	Across
② Ants have ____________ legs.	① Ants are ____________.
④ Ants are ____________ for their size.	③ Ants have ____ body parts.
⑥ The queen ants lay ____________.	⑤ Ants can be ____________.

개미의 천적

개미가 제일 무서워하는 것은 바로 개미귀신이라고 불리는 명주잠자리 애벌레다. 개미귀신은 주로 모래가 있는 곳에 집을 짓고 개미를 기다린다. 절구 모양처럼 생긴 이 구멍을 일명 개미지옥이라고 부른다.

뒤로만 움직일 수 있는 개미귀신은 자신의 궁둥이를 흙속에 들이밀어 구멍을 만드는데 이때 궁둥이 끝을 마치 삽처럼 이용해서 흙을 밖으로 튕겨낸다. 이렇게 함정을 파 놓은 후 개미귀신은 제일 깊은 구멍 속에 숨어 그곳을 지나다 실수로 발을 헛디딘 개미나 곤충의 체액을 빤다. 이 함정에 한 번 빠진 개미는 기어 나오려고 애를 써도 구멍 주변의 모래 때문에 더 깊이 빠져들게 되어 결국 최후를 맞게 된다.

UNIT 8 Our Earth

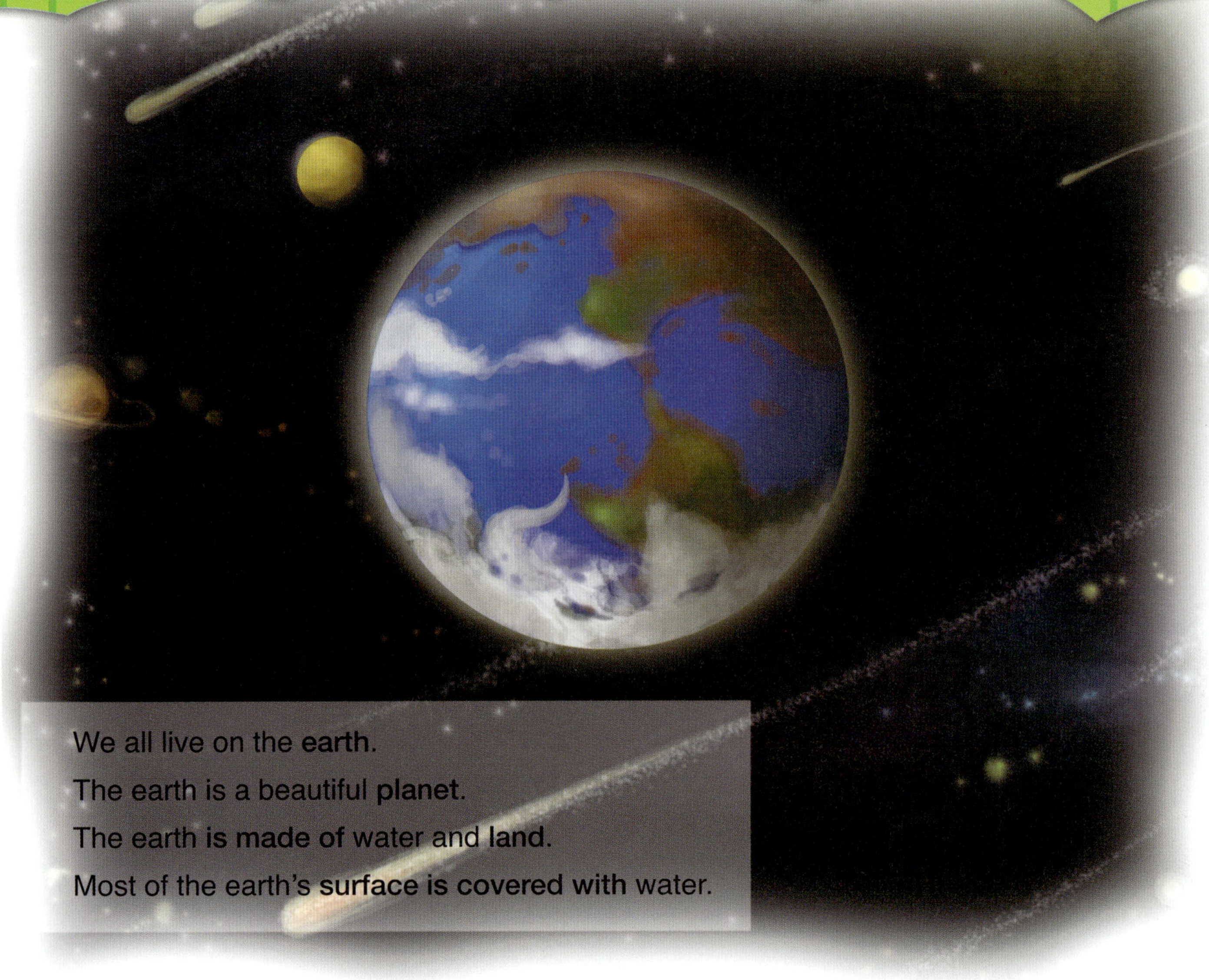

Vocabulary

1. earth		4. land	
2. planet		5. surface	
3. is made of		6. is covered with	

Listening Track 22

Listen and write the missing word.

1 We all live on the _________________.

① Sun
② Earth
③ Mars

2 The earth is a beautiful _________________.

① ball
② land
③ planet

3 The earth looks like a _________________ and white ball.

① black
② blue
③ brown

4 The earth is made of _________________ and land.

① rocks
② trees
③ water

5 The _________________ takes up 30 percent of the earth' s surface.

① land
② rocks
③ water

Reading Track **23**

The Surface of Earth

Do you know about the surface of our earth? As you know, our earth is a beautiful planet. When the earth is seen from space, it looks like a blue and white ball. In fact, most of the earth is covered with water such as rivers and oceans. That's why the earth is blue. Earth is made of the land, too, but it only takes up 30 percent of the earth's surface. As you can see, this is only a little land, but it is nice to live on this wonderful planet.

Read each sentence and choose the best answer.

1 The earth is _________________.

① a ball
② a planet
③ a rock

2 The most of the earth's surface is covered with _______________.

① the land
② the mountains
③ water

3 How many percent of the earth is the land?

① 30%
② 50%
③ 70%

Grammar

The Noun Group

- **Subject** _ It tells who or what the sentence is about.

- **Object** _ It is the receiver of action within a sentence.

- **Complement** _ It is any word that complete the sense of a subject, an object or a verb.

The earth is a planet.

subject

We like the earth.

object

This planet is the earth.

complement

Write the correct answer.

1 _______________ is short.

I have _______________.

It is _______________.

2 _______________ are fruit.

I eat _______________.

This fruit is _______________.

3 _______________ is nice.

I like _______________.

She is _______________.

Writing

Unscramble the sentence.

1   (the / This / earth. / is)

This is the earth.

2   (is covered with / Most of / water. / the earth)

3   (a / beautiful / This / planet. / is)

4   (love / the / We / earth.)

Speaking Track **24**

Talk about the earth with your friends.

1   Is this a planet?

....

2   What kind of planets do you live on?

....

3   Does it look like a ball?

....

4   This is the surface of the earth. Can you tell this part?

....

Draw a circle around YES if the sentence is written correctly.
Draw a circle around No if the sentence is not written correctly.

1. The earth is a ball. YES NO

2. The earth is a planet. YES NO

3. Most of the earth is covered with water. YES NO

4. The ocean takes up 30% of the earth's surface. YES NO

5. The earth is a wonderful place to live. YES NO

Act it Out

Make a jigsaw puzzle !

달에 대한 재미있는 이야기

달은 어떻게 생겨났을까요?

아주 먼 옛날 지구가 만들어지고 지구에 그 어떤 생물도 살고 있지 않을 때 지구에 다른 행성이 와서 부딪혔어요. 이 엄청난 충돌로 인해 지구 주위에는 아주 큰 바위들이 생겨났고 이 바위들은 지구 주위를 돌기 시작했지요. 그러더니 점점 합쳐져서 하나의 커다란 달이 되었답니다. 지구상에서 우리가 보는 달은 약 40억 년 전에 생겨났대요. 달의 면적은 남극 대륙의 3

배 정도의 크기지만 지구에서 멀리 떨어져 있기 때문에 우리 눈에는 작아 보일 뿐입니다. 달은 지구와는 달리 대기층이 없어요. 이는 달의 질량이 매우 작기 때문인데 그래서 달에는 바다나 호수가 없어요. 달 주변을 망원경으로 보면 구름이 없다는 것을 알 수 있는데 이는 달에는 공기가 없다는 사실을 입증해 주는 것이랍니다.

UNIT 9　Paper

There are many things made of **paper**.
We can see paper **everywhere**.
Toilet paper and newspaper are paper **products**.
The **logs** are turned into **pulp**.
The pulp is mixed with **chemicals** to make paper.

Vocabulary

1. paper

2. everywhere

3. product

4. log

5. pulp

6. chemical

Listen and write the missing word.

1 There are many things made of ________________.

① paper
② trees
③ plants

2 You'll find paper ________________.

① anywhere
② everywhere
③ nowhere

3 Most paper comes from ________________.

① trees
② logs
③ pulp

4 People carry ________________ to a paper company.

① the branches
② the chips
③ the logs

5 The refined pulp becomes ________________ paper.

① dry
② wet
③ hot

Reading  Track 26

Where Does Paper Come From?

There are many things made of paper! Books, notebooks, newspapers, paper bags and toilet papers are paper products. When you look around the world, you'll find paper almost everywhere. But do you know where paper comes from? Actually, most paper comes from trees. Here is the process for making paper. First, people cut down trees in the forest and saw off the branches. After that, they transport the logs to a paper company. Next, the logs are turned into small chips and they are turned into pulp. The pulp is mixed with water and chemicals to make wet

paper in the paper-making machine. This wet paper passes through hot rollers to dry. Finally the dry and clean pulp is made into paper.

Read each sentence and choose the best answer.

1 Most paper comes from ________________.

① flowers
② plants
③ trees

2 Books, notebooks, ________________ are paper products.

① leather bags
② newspapers
③ pencils

3 ________________ are turned into pulp.

① The logs
② The small chips
③ Trees

Grammar

Main Verbs

express the main action or state of being in the sentence

- Most paper comes from trees.

Find the main verbs and circle.

1 People cut down trees.

2 People transport the logs to a paper company.

3 Books are paper products.

4 We see paper everywhere.

Writing

Unscramble the sentence.

1 (trees. / People / cut / down)

People cut down trees.

2 (comes from / Most / paper / trees.)

3 (many things / paper. / There / made of / are)

4 (everywhere. / see / We / paper)

Speaking 🔘 Track 27

Tell about things made of paper.

1 This is a book. Is it made of paper?

....

2 What is it?

....

3 What are they?

....

4 What do you see on the table?

....

5 Tell me some items made of paper.

....

Draw a circle around YES if the sentence is written correctly.
Draw a circle around No if the sentence is not written correctly.

1. Most paper comes from trees. YES   NO

2. We'll find paper everywhere. YES   NO

3. There are few things made of paper. YES   NO

4. The tiny chips are turned into pulp. YES   NO

5. Cans are paper products. YES   NO

Act it Out

Choose things made of paper.

종이컵의 발명

오늘날 우리 생활에서 흔히 볼 수 있는 종이컵은 1900년대 미국 캔사스 출신의 휴그 무어라는 사람에 의해 맨 처음 발명되었다.

하버드대학의 학생이었던 그가 어느 날 생수 자판기를 발명한 형을 만나게 되었는데 그 당시에는 생수 자판기에 종이컵 대신 머그컵을 사용했는데 머그컵은 하루에도 몇 개씩 깨지는 일이 빈번하게 일어났고 이로 인해 생수 자판기의 인기도 추락하고 있었다.

형의 고민을 듣던 휴구 무어는 종이로 만든 컵을 만들면 어떨까 라는 생각을 했고 얼마 뒤 물에 젖지 않는 태블릿이란 종이를 찾아냈고 곧이어 종이컵을 발명하게 된다.

종이컵 발명에 성공한 그는 대학을 중도에 그만두고 형과 함께 생수 공급회사를 설립하고 형이 발명한 자판기에 자신의 종이컵을 사용했다. 그러나 그의 사업은 성공하지 못했고 도산 위기까지 몰렸다. 바로 그때 W.T. 그래함이라는 자본가의 지원으로 다시 종이컵 회사를 설립하게 되고 그 후 그의 종이컵은 그야 말로 날개돋힌 듯 팔려 나가기 시작했다.

그 후 1920년에는 종이컵 발명을 바탕으로 종이로 만든 아이스크림 용기까지 만들어 냈다.

종이컵과 종이 용기의 발명은 휴그 무어를 세계적인 발명가 중의 한 사람으로 만들어 주었다.

Bansok Books

영어수업이 즐거워지는
메이킷 교실영어

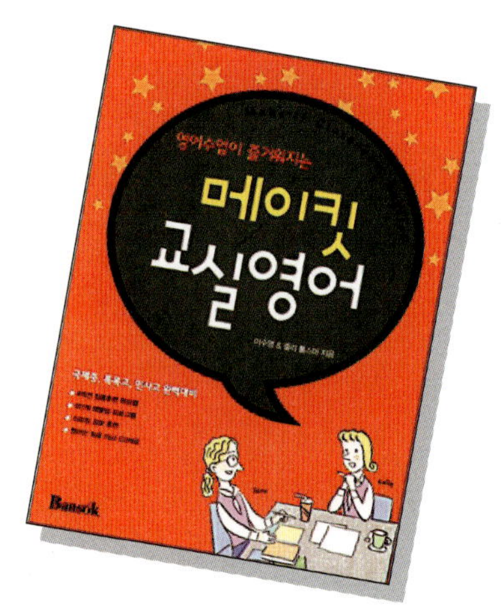

영어수업을 하기 위해 반드시 필요한 기본 표현들과 대화들을 상황별로 엮었으며, 언어의 4개 영역(듣기, 말하기, 읽기, 쓰기)을 골고루 다루고 있습니다.

이수영&줄리 톨스마 지음 ┃ 215쪽 ┃ 크라운변형판 ┃ 정가 12,000원 (mp3 CD 포함)

My First Thesaurus
팝콘 영어

시소러스는 관련어(關聯語)를 엮은 것으로 동의어사전을 말합니다. 특정 단어의 가장 유사하거나 직접적인 동의어를 알 수 있게 하고, 그 용어를 항목(알파벳순으로 정리)별로 묶은 사전입니다. 이 책은 전2권으로 만들어졌습니다.

이수영, 리암 헤플스톤 저 ┃ 208쪽(1권) / 192쪽(2권) ┃ 4*6배변형판 ┃ 정가 9,800원(CD포함)

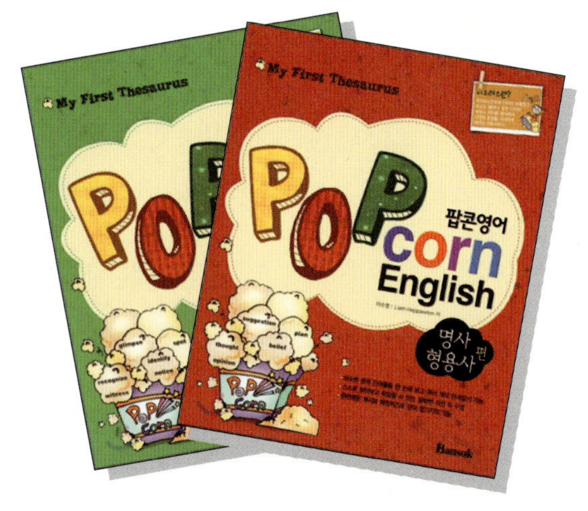
"